视觉素养教育

基于技术进化视域下的理论与实践

申灵灵◎著

光明日报出版社

图书在版编目（CIP）数据

视觉素养教育：基于技术进化视域下的理论与实践 /
申灵灵著 . -- 北京：光明日报出版社，2023. 12
　　ISBN 978 - 7 - 5194 - 7710 - 3

　　Ⅰ . ①视… Ⅱ . ①申… Ⅲ . ①素质教育—研究　Ⅳ .
①G40 - 012

　　中国国家版本馆 CIP 数据核字（2023）第 250275 号

视觉素养教育：基于技术进化视域下的理论与实践

SHIJUE SUYANG JIAOYU：JIYU JISHU JINHUA SHIYUXIA DE LILUN YU
SHIJIAN

著　　者：申灵灵

责任编辑：宋　悦　　　　　　　责任校对：刘兴华　董小花
封面设计：中联华文　　　　　　责任印制：曹　净

出版发行：光明日报出版社

地　　址：北京市西城区永安路 106 号，100050

电　　话：010-63169890（咨询），010-63131930（邮购）

传　　真：010-63131930

网　　址：http：// book. gmw. cn

E - mail：gmrbcbs@ gmw. cn

法律顾问：北京市兰台律师事务所龚柳方律师

印　　刷：三河市华东印刷有限公司

装　　订：三河市华东印刷有限公司

本书如有破损、缺页、装订错误，请与本社联系调换，电话：010-63131930

开　　本：170mm×240mm

字　　数：186 千字　　　　　　　印　　张：15

版　　次：2024 年 7 月第 1 版　　　印　　次：2024 年 7 月第 1 次印刷

书　　号：ISBN 978 - 7 - 5194 - 7710 - 3

定　　价：95. 00 元

序　言

　　随着技术的快速发展，图像、短视频、虚拟现实等视觉信息在我们的生活中呈现出前所未有的繁盛景象。正如美国学者丹尼尔·贝尔所言，"当代文化正在变成一种视觉文化，而不是一种印刷文化"。可以说，由技术构建的新型视觉景观正在蓬勃发展，甚至作为一种物质性力量渗透于人们的行为和认知之中。与此同时，以技术为支撑的新的传播生态也要求人们不断提升自身的视觉素养来应对媒介技术带来的挑战。然而，我们也面临一个现实的问题：应该如何提升人们的视觉素养？

　　在视觉文化时代，我们需要培养和发展公民的视觉素养，以帮助我们更好地理解和解读视觉信息，摆脱图像对我们的左右。本书的作者申灵灵博士正是基于这样的一种学术信念，在视觉素养教育领域深耕多年，通过不断地实践、持久地探索和深入地研究，从技术时代的发展特征出发，立足于"技术进化"的视角，深入地探讨了视觉素养教育的理论和实践，最终形成了《视觉素养教育——基于技术进化视域下的理论与实践》。这本书是作者近十年来对视觉素养教育不断实践和思考的总结和凝练，对视觉素养的内涵和本质进行了深入的梳理、阐释，在系统分析国内外视觉素养教育研究和实践的基础上探讨了技术进化视域下视觉素养教育的多重诉求，明确了视觉素养教育的目标和理念，从知识融合、认知能力和价值意识三个维度构建视觉素养教育的内容模型，并结合丰富的实践教学活动陈列出视觉素养教育案例。申灵灵博士在本书中不仅提出了视觉素养教育理论，还将理论付诸实践，分享其所在团队的视觉素养教学案例，为读者提供清晰的视觉素养教育的理论框架和实践案例，对当今的视觉素养教育者、受教育者都起到现实的启发和有益的指导作用。希望《视觉素养教育——基于技术进化视域下的理论与实践》一书能够达到抛砖引玉的效果，推进视觉素养教育理论和实践的持续发展，为当代公民的视觉素养发展开辟更多丰富可行的参考路径。

张舒予

2023 年 10 月 23 日

（序言作者系南京师范大学教育科学学院原教授、博士生导师、视觉文化研究所所长、国家精品课程《视觉文化与媒介素养》负责人）

目 录
CONTENTS

第一章

视觉素养概述

　　技术的飞速发展促使图像、短视频、虚拟现实等各种视觉信息铺天盖地地冲击着人们的眼睛和心灵，视觉信息成为当前文化的主要内容和形式。"不可否认，当今时代已经进入了一个蓬勃发展的'视觉文化'时代，人类的经验比过去任何时候都视觉化和具象化了。"① 美国学者丹尼尔·贝尔曾说："当代文化正在变成一种视觉文化，而不是一种印刷文化，这是千真万确的事实。"② 现代人们更倾向于阅读视觉符号，而非千篇一律的文字。正如史学家所发现的那样，与我们的前辈相比，今天的我们生活在一个图像富裕甚至过剩的时代，我们被图像包围，难以摆脱。信息技术的高速发展更是使视觉信息迅速产生和广泛传播，视觉信息空前繁盛，越来越频繁地出现在我们的生活之中。视觉信息不再是一种直观的表象，而是被传播者赋予了一定价值观的特殊符号，犹如法国理论家居伊·德波曾提出的"景观社会"，他认为"整个的生活都表现为一种巨大的奇观积聚。曾经直接地存在着的所有一切，现在都变成了纯粹的表征。这个表征说到底就是图像。今天图像已经成为社会生

---

① 聂黎生.读图时代的视觉素养概念及其视觉素养教育［J］.太原师范学院学报（社会科学版），2009（3）：15-16.

② 丁莉丽.视觉文化：语言文化的提升形态［J］.湖南科技学院学报，2005（4）：14-16.

活中的一种物质性力量，如同经济和政治力量一样。当代视觉文化不再被看作只是'反映'和'沟通'我们所生活的世界，它也在创造这个世界"①。视觉文化的空前发展进一步验证着"读图时代"的到来和视觉信息的迅速发展，"视觉转向在全球范围内已经成了一个不争的事实"②。

"人们现世的生存是一种视觉文化主导的视觉生存"③，视觉信息无处不在，充斥着人们的生活。我们总是非常信赖我们的眼睛，自古就有很多语句用来描述"看"，"耳听为虚，眼见为实""百闻不如一见""不闻不若闻之，闻之不若见之""闻之而不见，虽博必谬"等语句充分说明"看"在我们的生活中非常重要。但是"看"真的如此可靠吗？英国生物学家弗兰西斯·克里克（Francis Crick）经过实验研究证明："你看见的东西不一定真正存在，而是你的大脑认为它存在。在很多情况下，它确实与视觉世界的特性相符合。但在某些情况下，盲目的'相信'可能导致错误。"④ 特别是当前视觉信息随处可见，我们与图像的关系"与其说是'役物'关系，不如说是'物役'关系，是一种被图像所左右的关系"⑤，在这样一个复杂的视觉文化时代，我们要培养和发展我们的视觉素养，帮助我们摆脱图像对我们的左右。但是在多数人的认识中，语言和文字需要通过学习来习得，而观看则不需要，它是一种与生俱来的能力。尽管人生来就会看、就能看，但是看到多少、看

---

① 任悦．视觉传播概论［M］．北京：中国人民大学出版社，2008：21.
② 丁莉丽．视觉文化：语言文化的提升形态［J］．湖南科技学院学报，2005（4）：14-16.
③ 刘桂荣，闫树涛．视觉素养的哲学文化根基［J］．山西师大学报（社会科学版），2007（3）：18-22.
④ 克里克．惊人的假说：灵魂的科学探索［M］．汪云九，齐翔林，吴新年，等译．长沙：湖南科学技术出版社，2004：33.
⑤ 周宪．视觉文化：从传统到现代［J］．社会观察，2004（2）：45.

懂到少、看好多少，不仅和年龄增长有关，更与后天的实践和培养密不可分。即使看同样一个视觉符号，不同人对它的理解深度和层次也是不一样的。因此，视觉素养需要被培养，而且"视觉素养与信息素养、媒介素养一样，是人类基本素养的重要组成部分，是人们认识世界的基本能力"①。在视觉文化空前发展的时代，视觉素养于人们而言非常重要，成为现代人的需求和必备素养之一。

第一节　视觉素养的内涵

德国哲学家康德看来："一切知识都需要一个概念，哪怕这个概念是很不完备或很不清楚的。但是，这个概念，从形式上看，永远是个普遍的起规则作用的东西。"② 列宁认为"要有效地进行论证，必须确切地阐明各个概念"③。因此，阐明研究相关的概念是研究的第一步，特别是本研究中所涉及的"视觉素养"，研究者各抒己见，以至对同一个概念形成了许多各不相同的界定，让大家体会到"横看成岭侧成峰"的感觉，若要识别庐山真面目，必须阐明这些概念。但是对概念的阐明并非仅仅罗列已有的定义，而是要加以分析和评判，综合地看待这些观点，了解概念提出的原因、研究者的学术背景等，剖析概念的本质内涵，形成自己的认识和观点。

据资料记载，"视觉素养"这一概念最早由美国学者约翰·戴伯斯

---

① 聂黎生. 读图时代的视觉素养概念及其视觉素养教育［J］. 太原师范学院学报（社会科学版），2009（3）：15-16.
② 北京大学哲学系外国哲学史教研室. 西方哲学原著选读：下卷［M］. 北京：商务印书馆，1982：296.
③ 韩延明. 改革视野中的大学教育［M］. 青岛：中国海洋大学出版社，2006：39.

(John Debes) 于 1969 年提出，但并不能因此说明视觉素养在此之前不存在，只是此时它作为一个概念，被赋予了一个名字而已。远古时期的岩石壁画、甲骨文等都说明视觉素养及视觉素养教育的存在，也说明了其历史源远流长。本研究对视觉素养课程教育的发展进行梳理，主要从戴伯斯正式提出视觉素养概念开始，对国内外视觉素养课程教育的发展进行梳理和分析，有利于我们了解国内外的相关研究现状和进展，为本研究提供经验借鉴。

自 1969 年美国学者约翰·戴伯斯提出"视觉素养"之后，不同领域的研究者纷纷对这一概念进行界定，形成众多不同却又有一定相似之处的视觉素养定义。视觉素养是一个已经存在了半个世纪的概念，但"大多数定义是为了个别领域的需求而给予界定，然而，各领域之间并无共识之基础。如今混淆的情形仍未改善，不同领域的学者，仍以不同学理为出发点，由于相异的应用层面，对'视觉素养'给予了迥异的界定。虽然因此而积累了丰富的文献，但是对于何谓视觉素养，迟迟未能发展出一个多数人接受的定义。"① 也正因为这样，人们逐渐困惑于如何在众多视觉素养定义中选择有价值的进行借鉴与参考。于是，对视觉素养研究形成、发展过程中出现的具有代表性的定义进行梳理分析尤为重要，特别是来自不同研究领域的杰出研究者界定的定义。在梳理分析这些定义的过程中，要以批判解析的视角探究视觉素养的本质，形成自己的看法，才能更深刻地理解和应用视觉素养。

戴伯斯提出的"视觉素养"定义被国际视觉素养协会稍作修改并引用至今，为视觉素养研究奠定了基础，他的定义可谓"基础性定义"。依据戴伯斯的视觉素养定义，许多其他定义不断被提出，这些定义主要从两个视角阐释：一是研究者以自身专业研究为视角定义视觉素

---

① 吴翠珍. 媒体教育中的电视素养 [J]. 新闻学研究, 1996 (53)：39-59.

养，称之为"专业性定义"；二是研究者尝试囊括尽可能多的学科与研究领域，从广泛的视角定义视觉素养，称之为"普适性定义"。基础性定义、专业性定义和普适性定义三种类型的视觉素养定义对视觉素养研究的形成与发展起到不同作用。

一、基础性视觉素养定义

戴伯斯是视觉素养研究形成与发展过程中最重要的人物之一，他提出的视觉素养定义与他的工作密不可分。1947 年，戴伯斯在美国的柯达公司担任技术编辑，他策划了青年交互项目，主要是摄影领域，这些项目应用于美国的 4-H 俱乐部、男孩俱乐部等。1957 年，他被柯达公司任命为青年专家。1961 年，他成为柯达公司的教育咨询助理。后来他负责管理一个 workshop，这个 workshop 研究教育者和图书管理者在教育中如何使用照片。此外，戴伯斯还为教育者创作了电影，并将其作为教学工具使用。在这样的情况下，戴伯斯发现视觉教学与学习的重要性，于是 1969 年他在美国组织了第一个关于视觉素养的会议，尝试讨论并提出视觉素养的概念，这次会议是国际视觉素养协会发展的前提。尽管当时他认为界定视觉素养定义的时机尚不成熟，但还是提供了一个可供参考的定义："视觉素养是指人通过观看，并同时整合其他感官经验而获取的一组视觉能力。这组能力的发展是人类学习的基础，当这组能力获得提高时，它们能够使一个具有视觉素养的人辨别与解析周围环境中所面对的自然的或人为的视觉行为、视觉物体、视觉符号等。通过创造性地使用这些能力，他能够与他人进行交流。通过欣赏性地使用这些能力，他能够理解并欣赏视觉传播的杰作。"[1] 戴伯斯指出，这个定

①　DEBES J. The Loom of Visual Literacy：An Overview ［J］. Audiovisual Instruction，1969，14（8）：25-27.

义只是一个试验性定义，定义的界定和认识建立在想象力的基础之上。他将视觉素养与变形虫进行类比，因为人们无法预测变形虫的伪足将朝向哪个方向，无法获知变形虫会变成什么形状，这种隐喻说明，视觉素养是一个具有多面性的学科，具有许多未被探索的属性。① 戴伯斯提出视觉素养定义后，有研究者对该定义提出异议。李维（Levie）认为，戴伯斯的视觉素养定义的关键问题不是该定义包含了太多的或者不合适的刺激，而是这些兴趣刺激应该依据象征形态方面而不是感觉形态方面。② 比约曼（Bieman）认为，戴伯斯的定义应该告诉我们视觉素养是什么，以及一个具有视觉素养的人应该做到什么。③ 艾杰涅（Avgerinou）和埃瑞克森（Ericson）认为戴伯斯的定义过于宽泛，并多少有些误导，定义强调了接受刺激的方式，而没有涉及任何符号形式。④

尽管戴伯斯的视觉素养定义聚焦性不强，存在一些争议，但是该定义是视觉素养研究的基础，它明确了以下几点。首先，视觉素养是建立在观看基础上的一组视觉能力，观看并非简单地看，而是需要整合其他感官经验；其次，这组能力是人类学习的基础，强调了视觉能力在人类学习过程中的重要性与根本性，而且这组能力可以得到后天培养；最后，这组能力有利于人与人之间的交流，说明了培养视觉素养的目的。这几点是视觉素养研究的支撑，阐释了视觉素养研究的原因、可行性与

① DEBES J. Some Hows and Whys of Visual Literacy [J]. Educational Screen and Audiovisual Guide, 1969, 48 (1): 14-15.
② LEVIE W H. A Prospectus for Instructional Research on Visual Literacy [J]. Educational Communication and Technology, 1978, 26 (1): 25-36.
③ AVGERINOU M, ERICSON J. A Review of the Concept of Visual Literacy [J]. British Journal of Educational Technology, 1997, 128 (4): 280-291.
④ AVGERINOU M, ERICSON J. A Review of the Concept of Visual Literacy [J]. British Journal of Educational Technology, 1997, 128 (4): 280-291.

目的。

二、专业性视觉素养定义

20 世纪七八十年代是视觉素养的发展时期，在戴伯斯提出视觉素养定义之后，越来越多的研究者尝试界定该定义，戴伯斯的定义不断被发展与突破，下面是各个时期具有代表性和突破性的视觉素养定义。

1978 年，雷纳·奥斯伯恩（Lynna Ausburn）和弗洛德·奥斯伯恩（Floyd Ausburn）基于目的性交流的理念提出视觉素养定义："视觉素养为一组技能，这组技能能够帮助个人理解和使用视觉信息，从而与他人进行有目的的交流。"[①] 该定义已经过教育学者的修订，简单而直接。雷纳·奥斯伯恩与弗洛德·奥斯伯恩分别从事教学技术与教育技术研究，他们从教育信息传递的角度定义视觉素养，强调了有目的地发送与接收视觉信息的能力。强调"有目的"，是因为无论是通过视觉通道还是言语通道，人们都在无目的地进行信息交流，甚至有时与他们的意图相矛盾，信息传递的目的性很重要。奥斯伯恩的定义简洁明了，曾影响了很多人对视觉素养概念的认知，但定义中仅仅提出视觉素养是一组技能，没有明确描述这组技能是什么，不利于视觉素养理论与实践研究的进一步发展。

1982 年，布莱顿（Braden）与赫顿（Hortin）在奥斯伯恩的视觉素养定义的基础上增加了第三个原则，即视觉思维。他们认为"视觉素养是理解与使用图像的能力，其中包括利用图像进行思考、学习与表达的能力"[②]。该定义明确了视觉学习、视觉思考以及视觉语言的本质，

---

① AUSBURN L J, AUSBURN F. Visual Literacy: Background, Theory and Practice [J]. Innovations in Education and Teaching International, 1978, 15 (4): 291-297.

② BRADEN R A, HORTIN J A. Identifying the Theoretical Foundations of Visual Literacy [J]. Journal of Visual Verbal Languaging, 1982 (2): 37-42.

为视觉素养的培养提供方向。布莱顿与赫顿分别从事教学发展与教育技术研究，他们的定义中突出图像的媒介作用，图像促进观看者思考、学习与表达。与奥斯伯恩的定义相比，布莱顿与赫顿强调并细化了视觉素养所包含的能力，进一步明确视觉素养的具体含义。但是该定义中的观看对象仅是"图像"，范围远小于视觉信息，因此该视觉素养定义存在一定的狭隘性。

1987 年，寇蒂斯（Curtiss）提出一个较长的视觉素养定义。"视觉素养是对各种媒介所传递的视觉信息的理解能力以及至少能够利用一种视觉途径传递信息的表达能力。视觉素养具备以下能力：在文化背景下理解作品的主题和意义；分析作品的语法，包括构成和风格；评价作品的学科和美学特点；掌握作品的格式塔特点与作品的交互、协同特性的直觉能力。"[1] 寇蒂斯的定义明确提出视觉素养包括利用视觉途径传递信息的表达能力，对视觉素养定义进行了突破性阐释。

1999 年，瑞泽比克（Rezabek）提出："视觉素养是准确解析与创作由视觉感官传递的信息的能力，强调使用交流系统，而不是依赖于传统的基于字母或数字的文本。"[2] 该定义中的视觉信息是指所有通过视觉感官传递的信息，是广义上的视觉信息，定义还指出视觉素养的目的是交流。

上述是在视觉素养研究形成、发展时期具有代表性、专业性的视觉素养定义，定义的提出者从不同专业领域、不同角度分析与阐释视觉素养内涵。然而界定一个统一的"视觉素养"定义仍是一项艰难复杂的工作，其主要原因是研究者来自不同领域，具备不同的理论基础与专业

---

① AVGERINOU M，ERICSON J. A Review of the Concept of Visual Literacy ［J］. British Journal of Educational Technology，1997，128（4）：280-291.

② REZABEK L. Importance of Visual Literacy ［C］//Annual Meeting of the Association for Educational Communications and Technology. Houston，Texas，1999.

背景。伯班克（Burbank）和佩特（Pett）曾用"盲人摸象"的故事比喻视觉素养定义的多样性："定义视觉素养可以用六个盲人摸象的故事进行比喻……研究者的不同视角和观点导致视觉素养定义各不相同。"①视觉素养研究具有跨学科性，因此视觉素养的定义受到多门学科影响，包括美学、哲学、语言学、心理学、社会学、视觉感知、认知发展、教育技术、教学设计和屏幕教育等，这些学科提供了相关的理论和实践元素支持定义视觉素养。②理论与实践证明，在众多学科的影响下界定一个统一的视觉素养定义存在极大困难，但是仍有许多研究者不断尝试界定一个适用于所有学科并具有普适性的视觉素养定义。

三、普适性视觉素养定义

1976 年，媒介领导人会议的组织者科克伦（Cochran）邀请参会的代表定义视觉素养。当时共收到 62 个定义，其中用来描述形容词"视觉的"有 52 个，对"素养"的理解也有 3 种，有人认为素养是一组能力，有人认为素养是教学方法或过程，还有人认为素养是一场运动。此阶段是视觉素养研究的初步阶段，研究者对视觉素养的理解具有多样性，结果未能统一视觉素养定义，只是在受视觉素养影响的三个方面达成共识，即人们的能力、教学策略和观念。

1999 年，巴巴（Baba）与布莱顿（Braden）在其博士论文中通过特尔菲研究方法调查了 88 位对视觉素养会议和杂志做出贡献的研究者，尝试制定一个普适性的视觉素养定义，最后仍未确定视觉素养是什么，但列出了视觉素养的相关内容：（1）视觉素养为了一定的目的而使用

---

① BURBANK L, PETT D W. Eight Dimensions of Visual Literacy [J]. Instructional Innovator, 1983, 28（1）: 25-27.

② AVGERINOU M, ERICSON J. A Review of the Concept of Visual Literacy [J]. British Journal of Educational Technology, 1997, 128（4）: 280-291.

视觉信息，这个目的包括交流、思考、学习、建构意义、创造性表达、美学欣赏等；（2）在视觉素养背景下，视觉信息不仅可以通过眼睛去看，还应通过心灵去"看"；（3）在视觉素养背景下，可看的视觉信息包括人为的和自然的符号、图像表征、图像符号、非言语符号以及数字符号等；（4）在视觉素养背景下，心智视觉信息包括图形图案，任何非语言图像；（5）视觉素养研究包括理论、研究、实践以及三者之间的关系。

2007年，布瑞尔（Brill）、金姆（Kim）与布兰奇（Branch）也使用特尔菲研究方法界定"普适性"的视觉素养定义。他们调查了229名视觉素养研究者，这些研究者均是视觉素养杂志、视觉素养国际会议论文与视觉素养图书的作者，通过三轮的调查研究得出视觉素养定义："视觉素养是一组用来解释与创作可视化信息的能力。一个具有视觉素养的人应该能够：（1）辨别并理解可视化物体；（2）在一个界定的范围内有效创作静态或动态的可视化信息；（3）理解并欣赏他人的视觉作品；（4）用心灵想象视觉信息。"①

尽管不同领域的研究者做了许多工作，尝试制定一个普适性的视觉素养定义，但依然未果。无论"专业性"的视觉素养定义还是"普适性"的视觉素养定义，都无法适用于所有学科并满足所有人的需求，即使戴伯斯的"基础性"视觉素养定义也是如此。

纵观已有的视觉素养定义，虽然描述各不相同，但本质始终如一，正所谓万变不离其宗，只要抓住视觉素养的本质，视觉素养研究就有了依据、方向和目的。

---

① BRILL J M, KIM D, BRANCH R M. Visual Literacy Defined-The Result of a Delphi Study：Can IVLA Define Visual Literacy？[J]. Journal of Visual Literacy, 2007, 27（1）: 47-60.

第二节 视觉素养的本质

梳理分析国外已有的视觉素养定义发现，一些关键词在大多数定义中都不曾被摒弃，如能力、视觉信息等词。将上述所解析的、具有代表性的视觉素养定义中出现频率较高的词语合并分类，视觉素养定义主要涉及以下内容。第一，对"视觉"的阐述，大多定义中用视觉信息代表被看对象；第二，对"素养"的理解，用"能力"解释"素养"一词得到所有研究者的认可；第三，对"能力"的分析，换言之，"能力"具体包含哪些方面，多数定义中列出"理解""使用""解析""表达""评价"等词；第四，对视觉素养培养"目的"的解释，大多定义认为视觉素养培养的目的是"交流""思考""学习"等。表1-1将上述8个具有代表性的定义中的关键词语进行了提取、整理与分类，把大多数定义都涉及的词语分为三类：描述被看的"视觉"对象、处理视觉对象的"素养"以及培养视觉素养的"目的"。

表1-1 视觉素养定义的关键词列表

人物 ＼ 关键词	"视觉"	"素养"		"目的"
戴伯斯（1969）	视觉行为、视觉物体、视觉符号	能力	辨别、解析、理解、欣赏	交流
奥斯伯恩（1978）	视觉信息	技能	理解、使用	交流
布莱顿、赫顿（1982）	图像	能力	理解、使用	思考、学习、表达

续表

关键词＼人物	"视觉"		"素养"		"目的"
罗宾逊（1984）	视觉信息	能力	处理、解析、理解、分析、评价		—
寇蒂斯（1987）	通过媒介传递的视觉信息	能力	理解、表达、传递		—
瑞泽比克（1999）	视觉感官传递的信息	能力	解析、创作		交流
巴巴、布莱顿（1999）	视觉信息	—	—		交流、思考、学习、表达、欣赏
布瑞尔、金姆、布兰奇（2007）	可视化信息	能力	解释、创作		—

一、视觉素养的"视觉"对象

当一个概念被附加上一个修饰词时，修改者已经在头脑中形成了一个对比明确的分类，例如在"素养"前面加上"视觉"变成"视觉素养"时，一定存在与视觉素养相对比的其他素养，如"听觉素养""触觉素养"等。"视觉"是素养的前缀，决定了被看对象的范围，在"视觉素养"中具有决定性作用，明确了"视觉素养"区别于其他素养的根本属性。"视觉素养"中的被看的"视觉"对象主要是什么？表1-1中"视觉"（被看对象）一列是8个定义中对被看"视觉"对象的表述，其中1个使用"视觉行为、视觉物体、视觉符号"，4个使用"视觉信息"，1个使用"视觉感官传递的信息"，1个使用"可视化信息"，还有1个使用"图像"。"视觉信息"是使用次数最多的表述方式，它有广义和狭义之分。广义上讲，视觉信息指可被看到的包括人为创造的以及自然存在的可视化的信息；① 狭义上讲，视觉信息是通过媒介传递的可视化的信息，包括图像（绘画、图表、示意图等）和视频。② 由此可见，"视觉信息"的涵盖范围最广，其他对"视觉"对象的描述均可称之为"视觉信息"。"视觉信息"的特点是"可视化"，而非"可见性"，它包括各种通过视觉模型处理的信息，如图形、图像、视频等，而不包括通过语言模型处理的信息，如文字。我们阅读文字也需要"看"，而且文字与可视化信息同时进入视觉通道，但进入视觉通道后，文字与可视化信息分别通过语言模型与视觉模型进行处理，虽然阅读文字是一种"看"的能力，但这种能力不属于视觉素养。

二、视觉素养的"素养"内涵

素养是由"literacy"翻译而来，意为"识字、读写的能力"。表 1-1 中"素养"一列是 8 个定义中对"素养"的描述，其中 6 个使用"能力"，1 个使用"技能"，1 个没有明确素养是什么。能力和技能在一定程度上具有相通性，用"能力"解释"素养"得到大多数研究者的认可。既然"视觉素养"可用"能力"来描述，那么这种"能力"具体包含哪些方面？定义中分别使用不同词语说明"能力"，如"理解""解析""辨别""使用""欣赏""分析""评价""表达""创作"等。其中"理解"被使用 5 次，"解析"被使用 3 次，"使用"与"创作"均被使用 2 次，其余被使用 1 次。这些描述"能力"的词语主要分为两类：一是从获取视觉信息意义的角度阐明解读视觉信息所需要的能力，

---

① DUNCAN J. Selective Attention and the Organization of Visual Information [J]. Journal of Experimental Psychology，1984，113（4）：501-517.

② JAIMES A，CHANG S F. A Conceptual Framework for Indexing Visual Information at Multiple Levels [J]. Conference on Internet Imaging，2000，3964（1）：2-15.

如"理解""解析""辨别""欣赏""评价"等；二是从借助视觉信息传递意义的角度描述所需能力，如"使用""表达""创作"。第一类能力用于获取视觉信息传递的意义，即对视觉信息的"译码"，第二类能力是借助视觉信息传递观点、见解等，将意义进行"编码"，以可视化的形式呈现。因此，"译码"与"编码"能力是对视觉素养中"素养"一词简洁的诠释。

三、视觉素养的"目的"理解

尽管视觉图像对知识的获取起着重要作用，但是很多教育机构仍未过多地重视视觉素养教育。[①] 艾杰涅与艾瑞克森提出："为什么教育领域不认为视觉素养是一项重要的技能？"他们认为，视觉素养被忽视的一个主要原因是人们认为视觉素养是天生的，可以通过直接的生活经验被提高，不需要进行专门的培养。在一定程度上讲，一些简单的视觉素养的技能能够从直接的生活经验中获取，但是对于一些复杂的、高层次的视觉素养的技能而言，只有明确它的具体内涵，并通过一定的方式培养才会被提高。视觉素养未能引起关注的另一原因是教育领域的很多研究者认为培养视觉素养仅是为了更好地理解、辨别各种视觉信息，对教学的促进作用小。事实并非如此，对视觉信息的解读不是简单地"看"，而需要借助抽象思维，视觉素养培养的目的并非简单地获取意义，其主要目的在很多定义中均有提到。以上 8 个视觉素养定义中有 5 个涉及了视觉素养培养的目的，其中 4 个以"交流"为目的，2 个以"学习、思考、表达"为目的。提高视觉素养的目的不仅是更好地理解、表达视觉信息，还是为了通过这种方式帮助学习、思考、表达，从

---

① GOLDSTONE B P. Visual Interpretation of Children's Books [J]. The Reading Teacher, 1989, 42 (8)：592-595.

而促进交流。这种交流不只是人与人之间的人际交流，还包括人内部的自我交流，如自我学习、反思、提升等。因此，培养视觉素养的目的不是"看好"视觉信息，而是为了帮助学习、思考、表达，促进交流。

以上分析明确了"视觉素养"定义的关键词及含义，视觉素养的本质内涵逐渐凸显。首先，被观看的对象是"视觉信息"；其次，使用"译码"和"编码"能力诠释"素养"；最后，培养视觉素养的"目的"是帮助学习者学习、思考、表达，从而促进交流。简言之，视觉素养是"为了促进学习和交流，对视觉信息进行译码与编码的能力"，这种能力在视觉信息的传播过程中形成并发展。传播学者施拉姆提出大众传播模式，他使用编码者和译码者的概念表示个体在讯息的接收、理解和传递等过程中担当的角色。以施拉姆的大众传播模式为参考，可以利用图1-1表示视觉素养的本质。在视觉信息的传播过程中，首先是传者通过一定的方式编码视觉信息。由于传者自身的专业背景、文化背景、教育背景等存在差异，他们会在编码的过程中融入自己的情感、认知等，这种附加值因人而异。其次，受者接收到视觉信息后进行译码，受者同样会在译码的过程中加入自己的认知和见解。因此即使观看同一事物，不同的人看到的是不同的信息。在很多情况下，传者和受者既是编码者又是译码者，视觉素养则是译码和编码能力的综合，并因人而异地加入个人的附加值。

基于个体对视觉信息的理解与认知剖析视觉素养本质内涵，体现的是个体对视觉信息的各种处理能力。然而对视觉素养本身而言不止于此。视觉素养是一种综合能力，这种综合能力是视觉素养的特征，它具有以下几个特点①：

（1）进化性。人类的认知能力如果停滞不前，那就只是基本的感

---

① 任悦. 视觉传播概论［M］. 北京：中国人民大学出版社，2008：217-218.

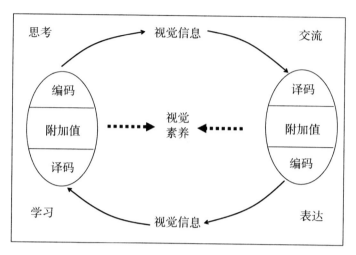

图1-1　视觉素养本质示意图

官能力的观看，只有在观看的过程中不断学习，才能从深层次理解视觉信息，并且具备更强的视觉表达能力，形成所谓的视觉素养。因此，视觉素养具有进化性，随着视觉信息的特征变化与之相对应。

（2）交往性。视觉素养关乎沟通，包含人与人之间的沟通以及人机之间的沟通。视觉阅读过程中，观看者不是简单地接受视觉信息，而是基于已有的文化、知识和阅历等积极地构建意义，并与创作者形成一种共鸣。人们自然会被制作和消费图像所吸引，但只有通过练习，他们才能发展出视觉素养技能。视觉素养不但帮助人们展开和各种视觉作品、视觉文本的交流，同时也有助于展开人与人之间的交往。

（3）创造性。具备视觉素养不仅能够展开对视觉信息的阅读，同时也可以展开视觉化的写作，从而形成立体化的表达方式。

通过解析国外具有代表性的视觉素养定义并探究其本质内涵和外延发现：第一，制定一个适用于所有学科领域、"放之四海而皆准"的视觉素养定义存在很大困难；第二，没有必要去统一视觉素养定义。只要抓住视觉素养的本质，研究者就可以从不同的视角，按照需求界定一个符合自身学科特点的可操作性的视觉素养定义。界定一个可操作性的视觉素养定义是必要的，它能够为教育研究者提供一个参考框架来评估那"一组视觉能力"。对国外视觉素养的定义分析与本质探究有利于国内研究者了解视觉素养定义的发展、演变及其原因，认识视觉素养的本质，从而为国内的视觉素养研究与视觉素养教育提供参考。

第三节 视觉素养的相关理论

一、技术进化理论

技术进化是指科学、工程和创新等领域中的技术发展和演变过程。技术的快速进步和应用对社会、经济和文化产生了深远的影响。技术进化理论旨在研究和解释技术的演化规律、驱动力和影响因素，以及其对社会和人类发展的影响。在技术进化的过程中，视觉技术的发展也尤为突出。随着计算机视觉、图像处理、模式识别和人机交互等领域的迅速发展，视觉技术在各个领域中得到广泛应用，并对社会、经济和文化产生深远的影响。视觉技术进化理论旨在研究和解释视觉技术的演化规律、驱动力和影响因素，以及其对人类和社会的影响。以下是视觉技术进化的相关观点。

（一）视觉技术进化的类型

视觉技术进化可以分为以下几种类型。第一，算法与方法的改进。视觉技术进化最基本的类型是针对具体任务的算法与方法进行改进。通过优化算法、改进模型或提出新的方法，可以提高视觉技术在目标检测、图像分类、图像分割等任务中的性能和效果。第二，数据集与标注的演进。视觉技术的进步往往依赖于大规模、高质量的数据集和准确的标注。视觉技术进化的一种类型是数据集与标注的演进，通过收集更多、更全面的数据，并进行精确的标注和注释，提升视觉技术的泛化能力。第三，硬件与设备的改进。视觉技术进化还涉及硬件与设备的改进。随着计算机性能的提升、传感器技术的发展以及移动设备的普及，视觉技术得到了更强大的支持，应用场景更加广阔。第四，综合与跨学科的融合。视觉技术进化还体现为不同领域之间的综合与跨学科的融合。例如，将计算机视觉与机器学习、人工智能、生物医学等领域相结合，开发出更强大和多样化的视觉技术解决方案。

（二）视觉技术进化的驱动力

视觉技术进化受到多种驱动力的影响，主要有以下方面。第一，计算能力的提升。随着计算能力的提升，特别是图形处理单元（GPU）的广泛使用和高性能计算平台的发展，视觉技术能够更快地处理更复杂的图像和视频数据，从而推动了视觉技术的进化。第二，数据的可获取性。互联网的普及和数字化技术的发展使得大量的图像和视频数据变得更容易获取。这种数据的可获取性为视觉技术的开发和应用提供了充足的训练和测试样本，促进了视觉技术的进步。第三，算法与方法的创新。算法与方法的创新是推动视觉技术进化的重要驱动力。新的算法、模型和方法能够更好地解决传统视觉技术中存在的问题，并带来更高的性能和效果。例如与计算机科学、数学、物理学、神经科学和心理学等领域合作，可以促进不同学科的交流与融合，从而加速视觉技术的发展和应用。第四，商业需求和市场驱动。商业需求和市场竞争是推动视觉技术进化的重要因素。随着各行各业对视觉技术的需求增加，特别是在自动驾驶、智能安防、医疗诊断、虚拟现实和增强现实等领域，厂商和开发者们被激励去开发更先进的视觉技术来满足市场需求。

（三）视觉技术进化的影响因素

视觉技术进化不仅对技术本身产生影响，还对社会、经济和文化产生深远的影响。以下是一些常见的视觉技术进化的影响因素。第一，自动化水平和效率得到提升。视觉技术的进步可以提高各个领域的自动化水平，减少人工操作并提高效率。例如，在工业制造中，视觉技术可以用于自动检测产品质量，提高生产效率和产品一致性。第二，人机交互得以改善。随着视觉技术的进步，人机交互变得更加自然和直观。例如，人脸识别技术可以用于身份验证和访问控制，增强现实技术可以将虚拟内容与真实世界融合，提供更丰富的交互体验。第三，艺术创作和娱乐体验获得提升。视觉技术的进步也为艺术创作和娱乐体验提供了新的可能性。例如，虚拟现实技术可以创造沉浸式的艺术和娱乐体验，计算机生成的图像和动画可以用于电影制作和游戏开发。

视觉技术进化理论是对与视觉相关的技术发展和演变过程的研究和解释。视觉技术进化的类型包括算法与方法的改进、数据集与标注的演进、硬件与设备的改进以及综合与跨学科的融合。视觉技术进化受到计算能力的提升、数据的可获取性、算法与方法的创新、跨学科合作的机会以及商业需求和市场驱动的影响。视觉技术进化对自动化水平和效率提升、人机交互的改善、医疗诊断和治疗的革新以及艺术创作和娱乐体验的提升产生了深远影响。随着技术不断进步，视觉技术的应用前景将更加广泛，对社会的影响也将更加深远。视觉技术进化的研究和应用将继续推动人类社会向着智能化、数字化和可视化的方向发展。

然而，视觉技术进化也面临一些挑战和问题。首先，随着视觉技术在各个领域中的广泛应用，隐私和安全问题变得更加重要。例如，人脸识别技术的使用引起了对个人隐私和数据滥用的担忧。其次，视觉技术进化还需要解决一些技术难题，如图像语义理解、场景理解和跨模态信息融合等问题，以提高视觉技术的智能性和适应性。再次，人工智能伦理和法律框架的建立也是视觉技术进化过程中需要重视的问题，以确保其应用的公平性、透明性和道德性。为了推动视觉技术进化的持续发展，我们需要加强学术界与产业界之间的合作与交流，共同探索新的研究方向和创新应用。同时，还需要加强相关领域的教育和培训，培养更多的专业人才，推动视觉技术的广泛应用和普及。综上所述，视觉技术进化理论研究了视觉技术的演化规律、驱动力和影响因素，并探讨了其对社会、经济和文化的影响。视觉技术的进化将继续推动科技的发展，改变我们的生活方式和工作方式。然而，我们也需要认识到视觉技术进化带来的挑战和问题，并采取适当的措施来解决。只有持续关注和研究视觉技术，我们才能更好地利用和引导其潜力，实现人类社会的可持续发展。

二、知觉心理学理论

知觉心理学是研究人类感知和认知过程的一门学科。它探讨了人类如何通过感觉器官（如视觉、听觉、触觉等）接收信息，并在大脑中进行加工和解释。在知觉心理学中，有许多重要的理论解释人类感知的机制和特点。经典的知觉心理学理论有以下几个。

（一）基本特征理论

基本特征理论用来解释视觉注意力对于感知的调节作用。该理论认为，我们对于视觉刺激的感知是通过注意力选择性地关注一组基本特征来实现的。这些基本特征包括形状、颜色、大小、方向等。根据基本特征理论，当我们的注意力集中在一个基本特征上时，我们更容易察觉到具有相同特征的刺激。例如图1-2，当我们看一排字母"M"和"W"时，如果我们的注意力集中在形状上，我们更容易辨认出其中所有的

"M"。同样，如果我们的注意力集中在颜色上，我们更容易辨认出其中所有的"W"。基本特征理论为我们理解视觉注意力的调节机制提供了重要的启示。

MWMWMWMWMW

图1-2 图形色彩视觉图

（二）认知加工理论

认知加工理论用于解释在视觉系统中感知信息的处理方式。该理论认为，视觉信息的加工过程可以分为两个阶段：特异性加工和综合性加工。特异性加工阶段中，感知系统会对输入的刺激进行初步的特征提取和分类。例如，在人类视觉系统中，大脑的视觉皮层中的细胞会响应特定的方向、边缘或运动。这些特定的细胞对于特定类型的刺激有高度的选择性，并负责对这些特征进行初步的加工和分析。

综合性加工阶段中，感知系统会对从不同特异性细胞那里得到的信息进行集成和整合。这个阶段主要发生在视觉皮层的更高层次的细胞中。在这个阶段，不同的特征（如形状、颜色、纹理等）被组合在一起，以形成对于整体图像的感知。认知加工理论对于我们理解感知信息在大脑中的处理过程提供了重要的理论基础。

（三）双通道理论

双通道理论用来解释视觉系统中对于不同类型信息的加工所涉及的两个独立的通道："背侧通道"和"腹侧通道"。背侧通道主要负责感知物体的位置和运动。它通过处理局部特征和方向信息，帮助我们捕捉和追踪物体的运动轨迹。背侧通道对于空间定位和运动感知起到关键作用。腹侧通道则主要负责感知物体的形状和颜色。它通过处理全局特征和颜色信息，帮助我们辨别和识别物体的形状。双通道理论强调了视觉系统在感知过程中的分工和协作。背侧通道和腹侧通道之间的信息流动是相互独立的，每个通道都有自己特定的功能和贡献。这个理论对于我们理解视觉加工的机制和不同类型信息的处理方式具有重要意义。

（四）顶层理论

顶层理论也被称为期望驱动理论。该理论认为，我们的先验知识、经验、期望和上下文信息会影响我们对感知刺激的解释和理解。根据顶层理论，我们的大脑会利用先前的知识和经验，将输入的感知信息与存储在记忆中的模式进行比较，并预测出最可能的解释。这些预期和期望会引导我们的感知过程，使我们更倾向于察觉和关注与我们期望和预期一致的刺激。例如，当我们看到一辆远处的汽车，即使它模糊不清或部分遮挡，但我们仍然可以准确地识别它，因为我们的先验知识告诉我们那是一辆汽车。同样，当我们听到一个模糊的声音时，我们可能会根据上下文和经验来推测它所代表的含义。顶层理论强调了认知和先验知识在感知过程中的重要性，以及我们对于刺激的解释和理解是如何受到主观期望和预期的影响。

这些是知觉心理学中的几个经典理论。它们提供了对人类感知和认知过程的深入理解，并为我们解释和预测人类感知行为提供了理论支持。随着科学的进步和技术的发展，我们可以期待更多关于知觉心理学的新理论和发现，进一步揭示人类感知和认知的奥秘。

三、视觉感知与认知理论

视觉感知与认知理论主要研究人类如何通过感知视觉信息理解和解释环境中的视觉刺激。它涉及了从感觉到知觉再到认知的过程，揭示了人类对世界的感知和理解方式，并且对于解释人类视觉行为和认知能力具有重要意义。主要包含以下方面。

第一，感知与知觉。感知是人们接收外部刺激并将其转化为神经信号的过程。它包括感觉器官接受刺激、传递神经信号到大脑以及大脑对这些信号进行处理和解释。而知觉是在感知的基础上对刺激进行解释和理解的结果。感知和知觉的关系密不可分，感知为知觉提供了所需的原始材料。

第二，底层与高层视觉处理。底层视觉处理是位于视觉系统早期阶段的处理，主要包括感知刺激的初步特征提取、简单形状和运动检测等。它对应于低级感知，主要由视网膜和早期视觉皮层负责。高层视觉处理指位于视觉系统后期阶段的处理，主要包括对感知信息的综合、整体特征提取和物体识别等。它对应于高级认知，主要由大脑皮层中的额叶和顶叶区域负责。

第三，物体识别与场景感知。物体识别是指通过视觉信息来辨别和识别环境中的不同物体。它是对物体的形状、颜色、纹理等特征进行加工和分析的过程。物体识别是视觉感知与认知的重要组成部分，它使我们能够快速准确地识别出环境中的物体，并根据需要做出相应的反应。场景感知则是指对整个环境场景的感知和理解。与物体识别不同，场景感知更关注的是对环境结构、布局和关系的认知。它包括对背景、空间关系和上下文信息的理解。场景感知帮助人们更好地理解环境和情境，从而更好地适应和交互。

第四，视觉搜索与注意力。视觉搜索是人们在视觉场景中寻找特定目标的过程。在视觉搜索中，人类根据目标的特征来选择和关注相关信息，从而筛选出所需的目标。注意力是视觉搜索的重要组成部分，它帮助我们集中注意力并快速发现目标。不同的注意力策略会影响搜索效率和准确性。

第五，语境与预期效应。语境和预期效应对于视觉感知与认知有着

23

重要影响。语境是指环境、情境以及周围的其他刺激对感知和认知的影响。例如，在一个图像中，人们可能会受到周围物体和背景的影响来解释和理解目标物体。预期效应则是指人们基于以往经验和期望，对未来事件或刺激产生的期待和预先准备。预期效应可以影响感知的选择性和解释性，使我们更倾向于寻找和注意与我们预期一致的信息。

视觉感知与认知理论是一个多学科的研究领域，涵盖了感知、知觉、注意力、记忆、语境、预期效应等诸多方面。通过研究视觉感知与认知的过程和机制，我们可以更好地理解人类对世界的感知和理解方式，并且为优化人机交互、教育教学和临床医学等提供理论指导和实践应用。对视觉感知与认知理论的深入研究将不断推动我们对人类大脑和心智的理解，从而开辟更广阔的未来发展空间。

四、视觉人机交互理论

视觉人机交互是指通过视觉方式实现人与计算机或其他智能设备之间的交互。在现代数字化社会中，视觉人机交互已经成为我们日常生活和工作中不可或缺的一部分。视觉人机交互理论旨在研究和解决在这种交互过程中出现的问题，并提供设计准则和技术方法来改善用户体验和交互效果。主要包含以下几方面的内容。

第一，视觉界面设计原则。视觉界面设计是指通过视觉元素，如图标、按钮、菜单等来呈现信息和功能，并引导用户进行交互操作。良好的视觉界面设计能够提高用户的易用性和满意度。在视觉人机交互中，以下原则通常被应用于界面设计：（1）可见性和反馈。界面的元素和状态应该清晰可见，给用户及时的反馈，让用户了解他们的操作是否成功。（2）一致性。界面的布局、符号和交互行为应该在不同的场景中保持一致，使用户能够快速学习和适应新的界面。（3）简洁性。界面应该简洁明了，避免过多的复杂元素和干扰，让用户专注于核心任务。（4）可预测性。界面的交互行为应该符合用户的预期，减少用户的认知负担，提供一致的反应和结果。（5）可定制性。界面应该允许用户进行个性化设置和调整，以适应不同用户的需求和偏好。

第二，视觉注意力与信息架构。视觉注意力是指人们在感知和理解信息时所关注的部分。在视觉人机交互中，了解用户的视觉注意力模式和规律对界面设计至关重要。通过引导用户的视觉注意力，帮助他们快速发现和理解关键信息。信息架构指的是界面中信息的组织结构和布局方式。良好的信息架构能够帮助用户快速找到所需的信息和功能。在视觉人机交互中，以下原则通常用于信息架构设计：（1）分层次。将信息按照不同的层次进行组织，使用户能够逐步深入和查找需要的信息。（2）一目了然。通过可视化的方式展示信息的关系和组织结构，让用户能够直观地理解信息之间的联系。（3）简洁明了。避免信息的过度堆砌和混乱，保持界面的整洁性和可读性。（4）上下文导航。提供合适的导航工具和链接，让用户能够在不同的上下文中自由切换。

第三，视觉反馈与交互技术。视觉反馈是指通过视觉手段向用户传达系统状态、操作结果和提示信息。良好的视觉反馈可以提高用户对系统的理解和控制，并增强用户的参与感。在视觉人机交互中，常用的视觉反馈包括：（1）状态指示器。即使用图标、颜色或动画等方式来表示系统的状态，如加载进度、错误提示等。（2）动态效果。主要是通过动画和过渡效果来改善用户界面的流畅性和可视化效果，增强用户的交互体验。（3）手势反馈。当用户使用手势进行交互时，可以通过视觉方式来指示手势的操作结果和意义，如触摸点的变化、动态轨迹等。除了视觉反馈外，视觉人机交互还涉及各种交互技术。例如，视觉识别，利用计算机视觉技术来实现物体识别、人脸识别等功能，提供更直观的交互方式；手势识别通过分析用户的手势动作，实现手势控制和交互操作，如手势导航、手势输入等；虚拟现实（VR）与增强现实（AR）通过虚拟环境或增强信息的叠加，让用户能够身临其境地进行交互体验。视觉反向映射主要是将用户的行为和操作反馈到界面中，以实时呈现用户的动作效果，增强用户的参与感和沉浸感。

第四，用户体验评估与优化。在视觉人机交互中，用户体验是一个关键因素。良好的用户体验可以提高用户的满意度、效率和效果。因此，对于视觉人机交互系统的评估和优化至关重要。用户体验评估可以通过不同的方法和指标来衡量用户的感知和反应。定性方法如通过用户调研、访谈和焦点小组讨论了解用户的需求、反馈和期望；定量方法如通过用户测试、眼动追踪和交互日志分析量化用户的行为和认知过程。基于评估结果，设计者可以改进界面布局、交互流程和可视化效果，以提高用户体验。迭代式设计过程可以逐步优化和改进系统，从而适应用户需求和反馈。

视觉人机交互理论旨在研究和改善人与计算机或其他智能设备之间的视觉交互过程。通过了解用户的视觉注意力、界面设计原则、视觉反馈和交互技术，提供更好的用户体验和交互效果。同时，用户体验评估和优化也帮助我们不断改进和完善视觉人机交互系统。随着科技的发展和创新，视觉人机交互将会变得更加多样化和智能化，为人们带来更便捷和愉悦的交互体验。

五、符号学理论

符号学理论是一种涉及符号的研究方法和理论框架，重点在于探讨符号与人类文化、社会和思维的关系。符号学理论起源于 20 世纪初期的语言学领域，后来扩展到文化研究等其他领域。符号学领域的相关概念分析主要是对符号、符号学、表征和知识可视化进行梳理和区分，厘清它们之间的关联以及对研究的帮助。

（一）符号

提到符号研究，便不得不提及瑞士语言学家索绪尔、美国哲学家皮尔斯、法国符号学家罗兰·巴尔特三位颇具影响力的研究者的核心观点和理论。他们的观点不尽相同，却又不无关联，特别是索绪尔的符号理论研究，为后来者提供了"巨人的肩膀"，对符号学研究甚有帮助。

索绪尔认为，符号是由能指和所指构成的统一体。能指是表示者，所指是被表示者。例如一束玫瑰花，玫瑰花本身是能指，它所代表的"爱情"是所指。当能指和所指建立联系之后，这束玫瑰花才能被称之为符号。符号的构成是一种二元关系，相当于一枚硬币的正反面，缺一不可。

皮尔斯对符号的解释与索绪尔不同，他认为符号由三部分组成：符号形体、符号对象和符号解释。符号形体，皮尔斯用的术语是"representamen"，可译为"表现体"或"代表者"，即索绪尔所说的"能指"；符号对象，即符号形体所表征的客观事物；符号解释是指符号形体传达的意义，即索绪尔所说的"所指"。仍以玫瑰花为例，玫瑰花本身是符号形体，玫瑰花象征的"爱情"是符号解释，符号对象则是玫瑰花这种客观存在的事物，而不是单指某一束玫瑰花或某一枝玫瑰花。

皮尔斯与索绪尔对符号的定义虽然不同，但两人的观点并不相悖，只是着眼点不同。索绪尔的符号二元说主要从语言符号的角度进行分析，他强调符号的任意性，忽略了符号代表的客观事物。需要进一步阐明的是，索绪尔提出的所指不是"物"，而是该物的心理再现（概念）。① 例如，一张玫瑰花的图片，能指是这张图片，包括图片上玫瑰花的大小、色彩等，但所指并非我们看到的这朵"玫瑰花"的实物，而是玫瑰花这个概念。与索绪尔不同的是，皮尔斯的三元说则通过符号对象区别所指与客观事物，是从整个符号世界的角度将符号进行了分析。

罗兰·巴尔特与索绪尔一样从语言学角度研究符号，沿用了索绪尔的二元说，使用了能指与所指的概念。他认为"所有的符号系统都与语言纠缠不清，例如视觉符号就是通过语言信息的辅助来确定其意义的，其中至少有一部分图像信息与语言系统有结构上的冗余与替代关系"②。"符号是音响、视像等的一块（双面）切片。意指则可以被理解为一个过程，它是将能指与所指结成一体的行为，该行为的产物便是符号。"③ 尽管罗兰·巴尔特也使用了能指和所指的概念，但是他更强调符号所在环境的重要性，而索绪尔则强调符号的任意性。罗兰·巴尔特认为"因为能指与所指的结合不会使语义穷尽，符号的意义还受其环境的制约"④，同样一个事物，在一定的环境下它是符号，在另一种环境下它不是符号。例如玫瑰花，当它被用作人与人之间关系的纽带时，它是符号，象征了爱情或友情；而生长在花园里的玫瑰花，它不能成为人与人之间交流的工具，仅仅是一种植物，因此不具备符号的生命

---

① 巴尔特. 符号学原理［M］. 王东亮，等译. 北京：生活·读书·新知三联书店，1999：41.
② 巴尔特. 符号学原理［M］. 王东亮，等译. 北京：生活·读书·新知三联书店，1999：2.
③ 巴尔特. 符号学原理［M］. 王东亮，等译. 北京：生活·读书·新知三联书店，1999：39.
④ 巴尔特. 符号学原理［M］. 王东亮，等译. 北京：生活·读书·新知三联书店，1999：39.

力，正如诗人热特吕德·斯坦曾说过"一朵玫瑰就是一朵玫瑰就是一
朵玫瑰"①。

从三位著名符号学研究者的观点可以看出，索绪尔的符号二元说奠
定了符号学研究的基础，皮尔斯的三元说扩展了符号学的研究，罗兰·
巴尔特的符号学理论则进一步从环境的角度丰富了符号学研究。此外，
对符号的研究还应该进一步考虑符号编码者和译码者，只有他们具有相
同的符号环境，才能使符号成为符号。将索绪尔、皮尔斯以及罗兰·巴
尔特的观点进行综合分析，将符号分为能指、所指和对象，符号不是孤
立的，而受环境制约，符号的编码者与译码者都必须具备同样的环境范
围才能建立符号之间的传递与交流，如图 1-3 所示。

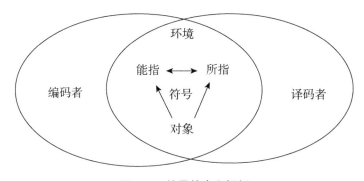

图 1-3 符号的意义解析

（二）表征

据史料记载，我国最早使用"表征"一词的是南北朝时期的刘勰，
他在《文心雕龙》中记载："原夫载籍之作也，必贯乎百氏，被之千
载，表征盛衰，殷鉴兴废，使一代之制，共日月而长存，王霸之迹，并
天地而久大。"意思是：史书是记录百姓的生活、阐明盛衰的规律的书

---

① 霍尔. 表征：文化表象与意指实践 [M]. 徐亮，陆兴华，译. 北京：商务印书馆，
2003：24.

籍，它要流传千年，必须真实。

《牛津英汉简明词典》对表征给出两个相关意义：（1）表征某物即描绘或摹状它，通过描绘或想象而在头脑中想起它；在我们头脑和感官中将此物的一个相似物品摆在我们面前；（2）表征还意味着象征、代表、做（什么的）的标本或替代。①

英国文化研究者斯图尔特·霍尔认为"表征是经由语言对意义的生产"②，是一种实践。这里的语言是一个非常概括和广义的概念。"很明显，一种特有的语言的书写系统或口语系统两者都是'语言'，但是，各种视觉形象，当它们被用于表达意义时，不管它们是用手、机器、电子、数码还是某些其他手段生产出来的，也都是如此。而且，在任何常规意义上都不是'语言的'其他事物，例如面部或姿势的表情'语言'或者时装的、衣服的，或交通信号的'语言'，也都是如此。"③

"表征是指可反复知道某一事物的任何符号或符号集。也就是说，在某一事物缺席时，它代表该事物；特别地，那一事物是外部世界的一个特征或者我们所想象的一个对象（我们自身的内心世界）。"④

综合分析表征的概念，表征其实是对符号赋予意义的过程，它既可以在头脑内部进行也可以通过具体的媒介表现出来。

（三）知识可视化

2004 年马丁·开普勒（Martin J. Eppler）和雷默·克哈德（Remo

---

① 霍尔. 表征：文化表象与意指实践［M］. 徐亮，陆兴华，译. 北京：商务印书馆，2003：16.
② 霍尔. 表征：文化表象与意指实践［M］. 徐亮，陆兴华，译. 北京：商务印书馆，2003：28.
③ 霍尔. 表征：文化表象与意指实践［M］. 徐亮，陆兴华，译. 北京：商务印书馆，2003：18.
④ 埃森克，基恩. 认知心理学［M］. 上海：华东师范大学出版社，2009：32.

A. Burkhard）首次提出知识可视化（knowledge visualization）这一名词并给予定义，可译为"知识可视化领域研究的是视觉表征在改善两个或两个以上人之间的知识创造和传递中的应用。知识可视化是指所有可以用来建构和传递复杂见解的图解手段"①。"知识"与"可视化"是深入理解知识可视化内涵的关键。

1. 知识的定义

梳理分析已有的知识定义，研究者主要从六个不同角度阐释知识。

第一，通过区分数据和信息之间的关系来界定知识。知识和数据、信息之间既有区别又有关联。数据是可收集、可被量化的事实符号，由数字、声音、图像、文字等组成，数据本身没有意义。当数据被赋予一定的语境并被分析、组织和表征时才产生意义，此时数据转化成信息，信息是对"是谁""是什么""在哪里""在什么时候"等问题的回答。当信息被分析、理解并指导人们完成某项任务时，信息就被转化为知识，知识是在对信息的使用过程中产生的。数据、信息和知识的关系如表1-2所示。

表1-2　数据、信息和知识的关系

种类	概念描述
数据	可收集、可被量化的事实符号
信息	被处理的有用的数据，用来回答"谁""什么""在哪里""什么时候"的问题
知识	对数据和信息的应用，用来回答"如何做"的问题

第二，将知识定义为"知道的状态"，如"知道怎么样"和"知道是什么"。

---

① 赵国庆. 知识可视化2004定义的分析与修订［J］. 电化教育研究，2009（3）：15-18.

第三，将知识定义为可被认知的"对象"，即被知道的、可以被存储和处理的事物。

第四，将知识定义为知道和行动的"过程"，知识是一种识别、创造和分享的过程。

第五，将知识定义为"获得信息的情况"，知识关注信息的识别、检索和获取。

第六，将知识定义为"行为的能力"，与影响未来行为的潜能相关，如"知识是有效行为的能力""知识是做事的能力"。

2. 知识可视化的定义

可视化的英文单词为"visualization"，词根是"visual"，意为"视觉的，形象的，直观的"。可视化不是简单的"看得见"，而是通过图示化的手段使抽象的数据、信息和知识可见。早在 20 世纪初，人们便已将图表等原始可视化手段应用于数据分析中。[①] 信息技术条件下，知识可视化有了新的突破：制作工具越来越多、制作方法更为简易、表现形式更为多样。[②] 知识可视化是在科学计算机可视化、数据可视化、信息可视化基础上发展起来的新兴研究领域，它利用视觉表征手段促进群体知识的传播和创新。[③]

通过剖析知识和可视化的内涵，知识可视化的本质可以被概括为：知识可视化是将知识通过合适的图解方式表征出来，促进不同人之间的知识创造和传递。如图 1-4 所示，其中"O-知识"表示原有的知识，"V-知识"表示可视化之后的知识，"P"代表人。知识可视化是将原

① 赵国庆. 知识可视化 2004 定义的分析与修订 [J]. 电化教育研究，2009（3）：15-18.

② 赵慧臣. 知识可视化视觉表征的分析框架 [J]. 开放教育研究，2010，16（5）：51-58.

③ 赵国庆，黄荣怀，陆志坚. 知识可视化的理论与方法 [J]. 开放教育研究，2005（1）：23-27.

有知识通过恰当的图解方式转化为可视化的知识，即从"O-知识"转换为"V-知识"，转化的目的是促进知识的创造与传递。这种创造与传递过程基于个体对知识的接受、理解和应用，进一步而言，知识可视化促进知识在人与人之间的创造、接受、理解、应用和传递。在知识的创造到传递过程中，每个独立的个体既是知识的创造者，又是知识的接受者，知识的获取是一个无限循环上升的过程。

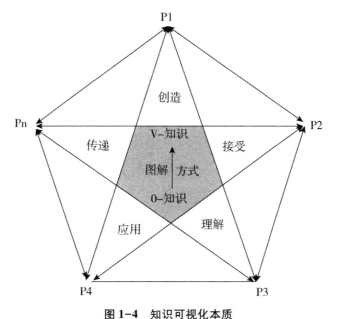

图1-4 知识可视化本质

（注：O-知识——原有知识　V-知识——可视化知识　P——人）

第二章

视觉素养教育的兴起与发展

　　视觉素养教育不同于学科教育，无论是课程体系还是评价机制都与国家和地区的文化、教育、社会等体系密切相关，因此视觉素养教育的教育范式与普通学科课程存在差异。例如美国的视觉素养教育通常包括视觉艺术、设计、摄影和电影制作等。这些课程旨在培养学生对视觉表达的理解和视觉表达能力，以及独立思考和创造性解决问题的能力。欧洲的视觉素养教育则主要关注传统的美术教育，包括绘画、雕塑、印刷术、建筑等。同时，欧洲也在逐渐引入数字媒体和新型媒介的教育内容，如互动设计（Interactive Design）和移动应用设计（Mobile App Design）。亚洲的视觉素养教育更加强调传统文化和审美观念。例如，在中国，美术教育通常基于中国的传统文化和艺术形式，如国画和书法；而在日本，美术教育强调手工艺和细节处理的重要性。梳理国内外的视觉素养教育发展有利于人们更好地认知视觉素养。

第一节　国外视觉素养教育的兴起与发展

一、国外视觉素养教育现状

对视觉素养教育的梳理与总结离不开对视觉素养的定义、起源与发展的分析。视觉素养概念的提出与戴伯斯的工作性质密不可分。戴伯斯曾担任柯达公司的咨询助理，研究图片、电影等在教学中的应用，以提高教学效果。鉴于此，戴伯斯提出了视觉素养的概念，并进行了界定。美国首度掀起了视觉素养研究的浪潮，随着国际视觉素养协会的成立与发展，越来越多的国家开始关注视觉素养研究和视觉素养教育。视觉素养概念刚被提出来的前几年，研究者重点关注视觉素养的理论（其定义、价值、理论基础等），并未重视视觉素养教育。随着对视觉素养理论的深入理解，研究者开始尝试将理论应用于实践，于是视觉素养教育逐渐兴起，视觉素养课程、视觉素养活动等成为开展视觉素养教育的途径之一。

（一）视觉素养教育发展阶段

视觉素养定义的提出迄今已有半个世纪，纵观国外视觉素养教育的发展，可以划分为三个主要阶段。

第一阶段：萌芽期（20 世纪 70 年代初至 20 世纪 80 年代末）。这是视觉素养教育实践的初期阶段，视觉素养教育多以讲座、交流等形式开展，课时相对较少。由于该阶段是电视、电影发展的繁荣时期，因此很多研究者关注视觉素养与电视教育的结合。例如美国弗吉尼亚州的电视研究者 Carolyn Rapp 在幼儿园将视觉素养与电视观看相结合，他与家长共同辅助幼儿观看电视，将电视节目分为不同的主题。该课程以交流的形式开展，一周一次，一次一个主题，帮助儿童观察、分析电视节目的特点。

第二阶段：发展期（20 世纪 90 年代初至 20 世纪 90 年代末）。技术的快速发展使网络、摄影、摄像等技术逐渐普及，视觉信息逐渐增多。因此，该阶段的视觉素养教育内容和对象都逐渐变得广泛。例如美国路易斯安那州大学的副教授格伦达·瑞克斯从事教学设计与教学技术研究，她的视觉素养研究主要是将教学内容、现代教学技术与视觉素养相结合。她将视觉素养教育融入历史学科的教学之中，教育对象是高中学生。教育目标是利用视觉素养促进学生的学习和交流，并发展其他基本技能，包括组织能力、创造能力和分析能力等。在历史教学的过程中，使用灵活的教学方式。要求学生利用网络查找表征历史事件的图片，解析图片的内容、背景等，然后设计海报来表达他们的观点和看法。她的课堂教学策略主要包括对图像的创造、分享、讨论和利用。此外，摄影、摄像、艺术作品等多种形式的视觉信息都被作为视觉素养课程的内容。

第三阶段：繁荣期（21 世纪初至今）。随着全球化进程的加快，视觉信息逐渐占据重要地位，视觉素养教育实践逐渐走向繁荣发展时期。此阶段，无论是视觉素养课程的对象、目标、内容，还是开展视觉素养研究的国家都逐渐丰富起来。美国视觉素养课程设计研究仍处于领先地位，英国、澳大利亚、新加坡等国家都开始重视视觉素养教育并开设视觉素养课程。例如英国安哥拉大学开设的视觉素养课程面向艺术系的本科生，课程目标是培养学生绘制图画书插画的能力。课程内容主要是对各种插画的认知、理解、绘制，将作者的意义通过插画的形式体现，插画不是对文字的简单重复，而是通过对图画赋予情感，使之具有更多层次的含义，对儿童起到更好的引导作用。

（二）视觉素养教育实践梳理

目前开展视觉素养教育较多的国家主要有美国、英国、澳大利亚、日本、新西兰、新加坡等，下面分别梳理了不同国家的视觉素养教育案例。

1. 美国视觉素养教育案例

美国是视觉素养理论和实践研究最早的国家，并且是视觉素养课程开设最多的国家，他们的视觉素养课程贯穿幼儿园教育到大学教育甚至社区教育等多个阶段。

美国威斯康星州开设了"数字媒体和视频素养"（Digital Media and Video Literacy）课程。课程对象是：K-12年级的学生、社区学院的学生、专科学校的学生、特殊教育者、学校图书馆/媒介专家、技术协作者以及工业学校的教师，虚拟学校、继续教育的教师，商业人员，政府人员，等等。课程的目标是帮助教育者达到特殊的ISTE国家教育技术标准，以及威斯康星州四年级、八年级和十二年级的技术掌握标准。课程内容由九个模块（欣赏和练习、数字化交流：什么是视觉素养、信息技术和交流技术、使用数字媒体的交流能力、制作数字媒体资源的经验、音频和播客、将数字媒体融入课堂、评估教学数字媒体）组成，每个模块都有阅读和练习，大多数练习都需要学生在课堂上积极参与，通过讨论分享自己的学习经验。

美国宾夕法尼亚州库茨敦大学开设了"视觉素养课程"（Visual Literacy Course）。课程对象是库茨敦大学的学生。课程为学生提供了多种视觉交流的机会，课程目标是促使学生解释、使用、欣赏图像和视频，并能够使用技术媒介创造图像和视频，从而促进进一步的思考、决策、交流和学习。这门课程不像一般的教学课程，它将视觉素养作为认识和理解课程内容的一种方式，视觉素养课程将学生的视觉素养与学科学习建立关联，帮助学生成为更积极的学习参与者。课程内容主要涉及两方面，一是对各种视觉信息如图表、地图、插图、海报、模型、绘画、雕塑、照片、视频的理解，二是对各种视觉媒介的应用和分析。

美国圣约瑟大学的教育技术教师泰瑞索萨（Teri Sosa）进行的视觉素养课程设计具有针对性。课程对象是师范生，课程目标是培养学生设计教学课件的能力，帮助学生设计出可用性更高的教学课件。课程内容以 PPT 的设计、网页的设计等为主。

美国丹佛州立大学教师教育学院的 Hsin-Te Yeh，曾开设了计算机图像与视觉素养课程，目的是帮助师范生提升视觉素养。课程目标是培养大学生在教学资源的设计中应用视觉设计原则的能力。课程内容主要是教学图形的设计与开发。

2. 英国视觉素养教育案例

英国剑桥大学的视觉素养课程被融入儿童文学研究的课程——"图画书"（picture book）之中，因此视觉符号是儿童绘本中的图画。课程设计者是教育系教授 Maria，她的研究以儿童文学、图画书为主，图画书中，插图与文字互相作用产生意义。因此 Maria 界定了视觉素养的概念内涵"理解视觉符号内涵的能力、掌握视觉编码和译码的能力、理解语言和文字的关联的能力、理解视觉叙事多样化表现的能力等"。课程对象是教育系的本科生，课程目标主要是培养本科生分析、理解、判断绘本图画的能力。课程内容主要是图画书中的插图，通过分析插图中的颜色、形状及运动状态等，确定图画书作者欲表达的故事意义，并能将绘本中的图画联系起来思考，进行前后比较、综合等，理解图画书的多层次意义，以及对儿童的影响，从而有助于儿童文学的研究。

英国英格兰地区的一些小学开设了视觉素养课程，课程的设计者是 Tim Stafford，他将视觉素养课程设计为一门独立的课程。他认为视觉素养是"阅读、解析和理解图像与视觉媒介的积极过程"，他把视觉素养看作一个过程，而不单是能力。因此，视觉素养课程的目标是教授学生加工视觉信息和视觉媒介的步骤和方法：阅读、分析和创作。课程内容主要是学生经常接触的视觉信息，包括图画书、漫画书、电影和电视、美术作品、图画剧本等。

3. 澳大利亚视觉素养教育案例

澳大利亚悉尼的小学将视觉素养课程融入小学的图画书课程中，课程对象是 K2—K6 的学生，课程目标是培养儿童阅读图画书的能力，不仅要看懂图画书的意义，还要从图画书的结构、设计目的等多方面理解图画书创作者的意图。课程内容主要是各种图画书，分三个方面引导学生的阅读：第一，从情感方面获取的学生内心感受，喜欢或不喜欢，原因是什么；第二，从结构方面获取学生对图像元素的认知，包括颜色、主体、形状等，并要求他们分析图画是怎么被设计出来的；第三，评价图画书的价值和意义，讨论图画书的创作者为什么这样创作等。

澳大利亚的塔斯马尼亚的小学开设了独立的视觉素养课程，课程主要是针对七八岁的学生，帮助他们掌握从各种各样的视觉、视音频文本中获取信息的方法，学生以小组合作的方式讨论视觉文本。课程内容涵盖电影、漫画、广告、视频、杂志、电视等，学生通过交流与大家共享自己从中看到什么、如何去看等。

4. 新西兰视觉素养教育案例

新西兰梅西大学的 Brian Finch 设计了两门课程，一门是针对师范生的"学习视觉语言"，另一门是针对教师培训的"图像学习"。课程目标是发展学生对图像文本的思考能力，并帮助他们在教学中利用图像辅助教学。图像内容主要是图画书、图表、移动图像等。

新西兰把视觉素养课程融入语文课程中，从 1994 年开始便将视觉素养教育写入中小学 1~13 年级的语文课程标准中。课程制定了视觉素养的成绩目标，主要分为视觉解读、视觉表达、视觉语言探究、批判思维和视觉信息五个方面。在课堂教学过程中，教师将视觉资源融入语文教学中，根据目标引导学生各种能力的发展。

5. 新加坡视觉素养教育案例

新加坡的视觉素养教育处于起步阶段，他们也开始重视学生的视觉素养。新加坡南洋理工大学是一所工科学校，65%的学生都是工程类专业。为了扩大他们的知识面、提高他们的综合素质，视觉素养课程被作为一门选修课开设。课程名称是"审美和创造性地使用2D媒介"，课程对象是全校的大学生，课程目标是提高学生的视觉感知能力（理解图像，认识、理解和分析视觉信息，发展美学感知，对周围的环境变得敏感并进行视觉感知，有效地进行视觉交流）。

课程内容包含三个层次，第一层是对基本的设计元素和原则（线条、形状、类型、文本、颜色、价值、平衡、结构、单元、运用、深度、空间）的理解，包括视觉等级、格式塔等基础理论。第二层是理解设计者使用当前方式传递信息的原因。第三层是学生的创造技能，通过设计作品更好地提升视觉素养。

二、国外视觉素养教育特征

分析国外的视觉素养教育的发展阶段和案例发现，视觉素养教育的特征主要体现在教育类型、教育对象、教育内容和教育目标等方面。

（一）视觉素养教育类型灵活

国外的视觉素养教育主要通过课程实现，课程分为两种类型：一种是将视觉素养课程作为一门独立的课程进行设计与实施；另一种是将视觉素养课程与其他课程整合进行设计与实施。在大学里面，视觉素养主要以独立课程的形式出现，而且是以选修课为主，因为大学课程设置自由度比较大，视觉素养的培养能够对大学生的综合发展起到促进作用。而在中小学中，视觉素养课程大多与其他课程相结合，更多情况下是一种工具，促进其他学科课程的学习。

（二）视觉素养教育对象广泛

国外视觉素养教育的对象范围广泛包括了从幼儿园到中小学、大学甚至社区的各个阶段。不同国家的视觉素养教育对象范围不同，如美国的课程对象范围最广泛；英国的大学和小学相对较多，中学较少；澳大利亚的小学较多；等等。总之，幼儿、小学生和大学生是视觉素养课程的主要对象，主要有以下原因。第一，国外小学多以素质教育为主，没有升学压力、作业压力，无论是课程设计还是教学形式都比较人性化，以培养小学生探索和创新能力为主；第二，国外大学生即将走向社会，他们不仅要发展专业能力，还需要具备多方面的综合能力。

（三）视觉素养教育内容丰富

国外视觉素养教育的内容范围特别广，既有静态的视觉信息，又有动态的视觉信息，包括图表、地图、插图、海报、模型、绘画、雕塑、照片、电影、电视等。视觉信息的范围决定了视觉素养课程内容的广泛度。分析课程内容的选择发现，研究者倾向于选择贴近学生生活并为他们所熟悉的视觉信息，这样能够激发学生学习的积极主动性，又使他们更好地适应当前这个视觉信息泛滥的读图时代。

（四）视觉素养教育目标多元

国外视觉素养教育目标并不是培养简单地选择、理解、批判、创造视觉信息的能力，而是根据视觉信息的类型、学生的特征等进行划分，使课程目标符合学生的发展，具有多样性。

（五）视觉素养教育个案研究

针对国外视觉素养设计的特征分析，下面以美国肯特州立大学的视觉素养课程作为个案进行剖析。肯特州立大学的视觉素养课程是一门独立的课程，以广告分析为主。课程对象是肯特州立大学的本科生，以选修课的形式开展。

课程目标是培养学生译码、理解以及批判广告图像的能力，这种能力是视觉素养的一部分。学生在广告阅读中应该是积极的接收者，不仅要看到广告的表层意义，还要能够抽取广告深层的意义，并认清自身以及消费者在广告工业社会中的弱点，这些弱点往往通过社会价值和生活方式呈现出来。因此，从能力到素养，该课程目标体现了次性。

课程内容以各种广告图像为主。广告不仅随处可见，其本身的宣传性、趣味性亦能激发学习者的学习兴趣。社会环境中，广告更是一种公共符号，内隐了社会倾向、时尚和价值等。广告具有较强的宣传、说服等作用，甚至在一定程度上放大物品的某些特征以达到销售目的。对于广告，"如果你不能译码符号的意义或者只能译码符号的表面含义，你是受控于它们的，然而当你超越符号的表象并获取符号背后隐含的文化寓意时，你已从原有的桎梏中解放出来并找到了观看世界的新方式，此时你已控制了这些符号而不再被它们所控制"①。因此，在视觉课程中，将广告作为阅读对象和教学内容是一种既贴近生活又具有教育意义的形式。

课程实施过程方案分四个层面。第一层，对广告的表层理解。分析广告的主要元素，包括颜色、形状、人物、产品、排版和其他基本构成。解读广告中的能指符号，写一段文字描述广告元素及其带来的初始印象。第二层，对广告的深层理解。首先从广告的能指推理所指，挖掘广告能指隐含的深层寓意；其次制作一个图表描述能指与所指的对应关系；最后写一段文字总结如何从广告元素中解读出个体需求、文化价值、生活方式等，并分析这种译码过程。第三层，对广告的评价性理解。剖析既定的文化形态，利用历史学、心理学、社会学、人类学等学

---

① 申灵灵. 教育技术学本科"视觉素养"课程设计研究［D］. 南京：南京师范大学，2012.

科的相关知识支持对广告主题的认知，帮助分析广告信息隐含的意义。然后写一段文字证明你的想法，至少使用一个原始资料支持你的论述。第四个层面，写一篇创造性的论文讨论视觉素养在广告中的应用原则以及研究的主题。

肯特州立大学的视觉素养课程设计，具有以下特点。（1）课程对象明确。由于不同类型的视觉信息具有不同的传播作用，因此对学习者处理视觉信息的能力提出了多种要求。选择明确的阅读对象可以提高学生对视觉信息的深入理解、认知能力，从而举一反三地应用到处理其他视觉信息的过程中。（2）注重与其他学科知识的融合。视觉素养教学不仅培养学生阅读图像的能力，还促进学生综合能力的发展。视觉素养不是一种"附加的"技能，而是融合于意义获取过程中的一种能力，[1]视觉素养涉及多学科理论，它已经不是某个单一的学科所能成就的，它是一种多学科领域的综合、交叉、荟萃和融合。[2]视觉素养受到人们的文化背景、艺术修养、生活阅读等方面的影响，因此将视觉素养与其他学科融合更符合视觉素养教育的理念。（3）课程实施以学生自主探究为核心。教学过程中，教师注重学生自主探究能力的培养。任务目标和步骤明确后，学生按照要求自主完成每一步骤，教师在其中起到引导作用，讨论的过程能够激发学生之间思想的碰撞，使他们互相汲取精华，更加积极、主动地深入理解和区分广告信息。

三、国外视觉素养教育总结

国外的视觉素养课程设计，既有值得我们借鉴的优势，也有不足之

---

①　SOSA T. Visual Literacy: The Missing Piece of Your Technology Integration Course [J]. TechTrends, 2009, 53 (2): 55-58.

②　刘桂荣，闫树涛. 视觉素养的哲学文化根基 [J]. 山西师大学报（社会科学版），2007 (5): 18-22.

处，我们要汲取精华并吸取教训。

（一）优势借鉴

国外视觉素养课程设计的优势借鉴主要体现在以下方面。

1. 教育目标明确

视觉素养有利于学习者认知的发展并促进学习，还能激发并强化其他基本素养技能，使学生的素养得到全面的发展。[①] 由于视觉素养是一种持续发展的能力，它的高低与学生的教育背景、生活环境、家庭背景等息息相关，因此很难精确判断学生具备的视觉素养的高低。制定明确的课程目标非常重要，它能够为学生的视觉素养发展提供导向，使视觉素养在人们眼中再也不是一种模糊不清、无法衡量的能力。课程目标的制定应该依据视觉素养教学类别、学生的专业、学习的需求等，划分为不同等级，由低到高逐步发展。

2. 教育内容以主题形式组织

视觉信息繁多，主要包括图表、图形、地图、照片、线描等，人们可以从图书、杂志、电影、电视、计算机屏幕、符号甚至体态语言中获取视觉信息。不同的分类标准决定了视觉信息的不同种类，同时对观看者提出了不同层次的观看与理解等方面的要求。因此教师可以依据视觉信息的分类以及学生的专业需求，以主题的形式开展教学，例如电视广告、杂志广告、电视新闻、网络新闻图片等都可以作为主题教学内容。

3. 视觉素养教育与学科课程相整合

国外很多视觉素养课程，特别是中小学视觉素养课程都与不同的学科进行结合，通过视觉素养的发展提高对学科知识的获取和认知能力，视觉素养课程具有了工具性特征，并与学科课程互相促进。视觉素养的

---

① 张倩苇. 视觉素养教育：一个亟待开拓的领域 [J]. 电化教育研究，2002（3）：6-10.

培养有利于学科知识的学习，同时，通过学科知识的学习也有助于提高视觉素养。

4. 视觉素养教育实施以个体探究、小组合作为核心

在诸多视觉素养定义中都提到了培养视觉素养的目的是促进学习者的思考、表达与交流，例如雷纳·奥斯伯恩（Lynna Ausburn）和弗洛德·奥斯伯恩（Floyd Ausburn）提出："视觉素养为一组技能，这组技能能够帮助个人理解和使用视觉信息，从而与他人进行有目的的交流。"① 布莱顿（Braden）与赫顿（Hortin）认为："视觉素养是理解与使用图像的能力，其中包括利用图像进行思考、学习与表达的能力。"② 因此，视觉素养教学不应该是传统的传授与接收的过程，而是以教师为主导，学生积极参与、自主探究、交流合作的过程。在视觉素养教学中，教师明晰教学目标和教学任务后，将学生分为不同的小组，为学生提供足够的时间进行自主探究、小组讨论，完成任务后由教师引导进行小组与小组之间的交流，共享获取的资源、心得等。

（二）不足之处

尽管国外视觉素养课程设计有许多值得借鉴的地方，但仍有不足之处，我们需要吸取教训、引以为鉴，并弥补其不足。

1. 视觉素养教育缺乏明确的需求分析

视觉素养教育的需求分析是课程设计的基础和前提，只有明确需求才能开展相应的视觉素养教育实践。但是分析众多视觉素养课程设计案例，研究者多是突出社会环境中视觉媒介的发展与视觉信息的增多对视觉素养的需求，而对视觉素养课程设计的需求分析则鲜有研究，因此课

---

① AUSBURN L J, AUSBURN F B. Visual Literacy：Background, Theory and Practice ［J］. Innovations in Education and Teaching International, 1978, 15（4）：291-297.

② BRADEN R A, HORTIN J A. Identifying the Theoretical Foundations of Visual Literacy ［J］. Journal of Visual Verbal Languaging, 1982（2）：37-42.

程目标的可行性、可用性会遭到一定的质疑。

2. 视觉素养教育缺少翔实的理论基础

纵观国外丰富多样的视觉素养教育案例，虽然有很多借鉴之处，但是无论对期刊论文、博硕士论文、网络资料的分析还是通过与国外研究者的 Email 交流，发现他们的视觉素养教育课程设计并未凸显理论指导，我们无法得知他们设计课程目标的依据、选择和组织课程内容的原则等，我们只"知其然而不知其所以然"。此外，没有理论的指导使设计出来的课程目标和内容的有效性也无法被合理评估。

第二节　国内视觉素养教育的兴起与发展

我国视觉素养研究起步较晚，受到的关注尚少，现有一些视觉素养的理论与实践课程多是面向艺术相关专业的学生，只有极少数学校面向非艺术类专业学生开设视觉素养课程。对大学生而言视觉素养是至关重要的一种素养，[①] 它与信息素养、媒介素养一样，是人类基本素养的重要组成部分，是人们认识世界的基本能力。[②] 视觉素养不仅可以帮助学生从图像的纯视觉要素及其结构中读取信息并由此进入审美层次，[③] 还能够帮助学生更准确地分析、评价视觉信息，从而提升对事物和知识的理解与认知能力。因此在大学开展视觉素养教育、开设视觉素养课程对大学生综合能力以及终身教育的发展具有重要意义。由于学生对视觉素

---

① OSBORNE B S. Some Thoughts on Landscape: Is It a Noun, a Metaphor, or a Verb? [J]. Canadian Social Studies, 1998, 23 (3): 93-97.

② 聂黎生. 读图时代的视觉素养概念及其视觉素养教育 [J]. 太原师范学院学报（社会科学版），2009 (3): 15-16.

③ 胡绍宗. 人文素质中的视觉素养的教育 [J]. 艺术教育，2006 (10): 44-45.

养的需求参差不齐，因此在不同学科开展视觉素养教育时既要考虑其广义性，又要考虑其专业性，依据学生的终身发展而进行有的放矢的教育。

一、国内视觉素养教育现状

对国内视觉素养教育的梳理主要是总结视觉素养教育的理论与实践现状、视觉素养教育的特征，分析优势与不足之处。

（一）视觉素养教育理论研究

国内视觉素养教育的理论研究同样很少，更多是对视觉素养的内涵、视觉素养教育的价值和意义、视觉素养教育实践的研究。通过文献分析发现，国内视觉素养研究理论主要是分为三大部分。第一，对国外视觉素养研究的介绍；第二，国内视觉素养教育的理论研究；第三，国内视觉素养培养的实践探索。即使提出视觉素养培养的实践探索，也多是从宏观方面提出了视觉素养培养的方法和策略，很少进行真正的实践，也没有对课程设计理论的探讨。

（二）视觉素养教育实践分析

国内视觉素养课程设计实践是在进入 21 世纪后才逐渐发展起来，对我国而言，视觉素养课程设计的发展处于起步和发展阶段的过渡期，有少数比较成熟的视觉素养课程设计案例，带动其他视觉素养课程的逐渐发展。

1. 台湾地区

第一，视觉素养学习网。该网站为读者提供视觉素养及国内外艺术作品的相关知识，包括艺术理论、艺术创作和艺术史三部分。该网站有许多在线课程，例如"西方艺术风格""视觉艺术欣赏与评析""艺术概论""基础设计"等，这些课程既可以用作中小学美术教育的辅助教材，也可以作为全民终身学习的参考资料。第二，视觉素养与美术整合的课程。台湾的部分中小学将视觉素养课程与美术课程整合在一起，视觉素养课程的目的是帮助小学生通过观察、思考更好地去理解事物，从而提升绘画的创意和能力。

2. 香港地区

香港地区的视觉素养教育也主要是通过网站进行推广，对视觉影像和动漫的关注较多，例如香港的突破网站包含影音和文化活动模块，通过各种文化活动，提高青少年对视觉作品的欣赏。

3. 澳门地区

澳门的视觉素养课程主要针对小学生，与国语课程结合在一起。教师为学生提供一幅漫画作品，学生通过阅读作品编写故事，同时在故事中插入图画，辅助文字的表达。

4. 大陆地区

目前，大陆地区的视觉素养课程开设得越来越多，中小学的视觉素养培养是在美术课程中进行的，旨在培养学生的艺术能力与人文素养，在一定程度上弥补了视觉素养教育的缺失。大学则主要是开设独立的视觉素养课程，以选修的形式供学生选择。对大学生而言视觉素养是至关重要的一种素养,[①] 不仅可以帮助学生从图像的纯视觉要素及其结构中读取信息并由此进入审美层次，还能够帮助学生更准确地分析、评价视觉信息，从而提升对事物和知识的理解与认知能力。

中小学视觉素养的培养可以通过我国《全日制义务教育美术课程标准（实验稿）》来体现，在美术课标中明确提出"美术课程具有人文性质，是九年义务教育阶段全体学生必修的艺术课程"，"通过对美术知识

---

① OSBORNE B S. Some Thoughts on Landscape：Is It a Noun，a Metaphor，or a Verb？[J]. Canadian Social Studies，1998，23（3）：93-97.

的学习，有助于学生熟悉美术的媒材和形式，理解和运用视觉语言，更多地介入信息交流"。美术教育的目标是"学习美术欣赏和评述的方法，丰富视觉、触觉和审美经验"，"激发创造精神，发展美术实践能力，形成基本的美术素养，陶冶高尚的审美情操，完善人格"。尽管美术课程没有视觉素养一词，但是也在一定程度上培养了学生的视觉素养。

　　开设视觉素养选修课程的高校正在增多，其中南京师范大学的视觉文化与媒介素养课程可谓大陆地区独立视觉素养课程设计的领先课程。2001 年，南京师范大学视觉文化研究所已经率先在国内开展了将视觉素养培养与民族文化传承相结合的探索，① 并开设了独立的"视觉文化与媒介素养"课程，该课程于 2006 年入选为首批南京师范大学博雅课程，面向全校的本科生。"视觉文化与媒介素养"课程以博雅理念为指导，以传统视觉样式与现代媒体形式为教学内容，在发展大学生视觉素养与媒介素养的同时注重他们综合素质的发展。视觉素养课程经历了十年的发展和沉淀，已经逐渐成熟和完善。视觉文化与媒介素养课程的目标是：第一，使学生掌握媒介素养、视觉素养等相关知识，奠定基础；第二，使学生感悟生活中的建筑、陶俑、陶瓷等视觉对象所包含的内涵，透过现象看本质，了解历史的来龙去脉，提升视觉素养；第三，使学生掌握不同媒体的特点和作用，通过感受精神家园，唤醒文化自觉意识，了解媒介与文化的内在联系，提升媒介素养。视觉文化与媒介素养课程内容将现代媒体和民族文化相结合，分为上中下三篇，上篇主要是视觉文化、媒介素养的相关理论；中篇以中国的优秀传统文化为主要内容；下篇则是以现代媒体为主要内容。之所以将现代媒体与民族文化相结合，主要是因为现代社会以电视、电影、杂志、网络等为媒介已然成

---

① 刘桂荣，闫树涛. 视觉素养的哲学文化根基［J］. 山西师大学报（社会科学版），
　　2007（5）：18-22.

为人们获取信息的主流方式以及了解世界的重要途径。媒介承载的各种视觉信息（新闻图片、杂志广告、网络视频等）成为人们生活的必需品，人们逐渐形成图像依赖。当人们说今天的文化是视觉文化的时候，往往是从后现代文化以及全球文化的角度来言说，当人们讲到视觉素养的时候，也是基于这样的一种文化态势。[①] 在全球视域下，了解世界文化、获取世界信息是必要的，现代媒体在全球化文化的传播过程中起到了承载和促进作用。卢汉曾说"媒介即信息"，因此了解现代媒体及其作用方式在视觉素养教育中具有基础性作用。当大学生获悉各种图像信息如何被创作、修改与使用时，他们能够更好地理解这些视觉信息及其表征的世界。于是，众多现代媒体形式如摄影、影视、Flash 等以及其所表征的图片、影像、视频都应该成为视觉素养教育的基本内容。视觉文化与媒介素养课程的实施模式主要分三个层次：第一，先行组织者，激活学习者的先前知识与经验；第二，知识、理解和能力，三者层层递进，完善学生的知识与能力结构；第三，精神修养，实现博雅教育的理念与最终目标。

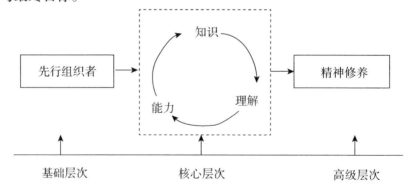

图 2-1　视觉文化与媒介素养课程实施模式

---

① 刘桂荣，闫树涛. 视觉素养的哲学文化根基 ［J］. 山西师大学报（社会科学版），2007（5）：18-22.

此外，在南京师范大学的视觉文化与媒介素养课程的影响下，很多高校在该课程的基础之上纷纷针对本科生开设视觉素养公选课程，例如温州大学、江西师范大学、徐州师范大学、安徽师范大学、淮南师范学院、南京工程学院等。经过访谈发现，大多视觉素养课程与南京师范大学的视觉素养课程目标和内容极其相似，只有淮南师范学院的视觉素养课程进行了改动。淮南师范学院的"视觉文化与媒介素养"课程目标是着重培养学生对视觉文化中的"影视文化"的理解、欣赏、批判和行为操作等的行为能力的提升。课程内容包括对视觉素养的理论分析、视觉文化的环境、生理和心理基础、视觉技术与艺术的操作与鉴赏、影视作品的意义建构与价值重构以及视觉训练与行为提升等。

二、国内视觉素养教育特征

分析国内的视觉素养课程设计，其特征主要体现在课程类型、课程对象、课程内容和课程目标方面。

（一）视觉素养教育以独立课程为主

国内的视觉素养课程主要针对大学生开展，且是一门独立的课程，而在中小学，专门培养视觉素养的课程鲜见。主要原因是中小学学业压力较大，当前教育体制仍以应试教育为导向，在中小学很难加入一门独立的课程。并且在教师和家长眼中，这门课程对学生的发展无关紧要，因此在中小学开设视觉素养课程是一件比较困难的事情。相比而言，大学课程的设置较为宽松，除了必修的专业课程以外，教师可以根据需要自主设计选修课程，因此视觉素养课程可以作为一门独立的课程被开设，更重要的是视觉素养公选课程也是培养大学生视觉素养的应然之举。

（二）视觉素养教育以高校学生为主

国内视觉素养课程对象主要是大学生，他们刚刚脱离父母和教师的怀抱，对很多事物都颇感新鲜，他们开始越来越多地接触社会，更加自由地徜徉在图像时代。针对大学生开设视觉素养课程，一方面可以帮助他们理性地分析各种视觉信息，形成正确的价值观；另一方面可以帮助他们利用图像促进人与人之间的交流和沟通，促进知识的传播。

三、国内视觉素养教育总结

虽然国内的视觉素养课程设计尚处于初步发展阶段，但仍有许多值得我们借鉴的地方，当然也存有不足之处。

（一）优势借鉴

国内视觉素养课程设计的优势借鉴主要体现在以下方面。

1. 课程内容注重文化传播

国内大学的视觉素养课程内容多与南京师范大学的视觉文化与媒介素养课程的内容相关，注重文化的发展与传播，特别是对中国优秀的传统文化的认知和传播。信息时代的发展以及全球化发展使当代大学生更多地受到西方文化的影响，而对中国的传统文化知之甚少，面对众多大学生对优秀传统文化缺乏认知的窘况，将视觉素养教育与中国传统文化相融合既可以提升学生的视觉素养，又能够促进他们对传统文化的继承和发扬。将优秀的传统文化资源作为视觉素养教育内容，既可以对内真正实现"从眼睛到心灵"的教育传播效果，振奋民族精神；对外则有效地传播中华民族优秀传统文化，为世界多元注入中华民族的优秀资源。①

2. 课程模式符合学生发展

视觉素养课程模式分为不同层次，标志着对大学生在不同阶段的要求，反映了视觉素养教学的循序渐进。从先行组织者到知识、理解和能

---

① 张舒予，王帆. 视觉素养培养与民族文化传承［J］. 当代传播，2008（4）：27-29.

力，最后提升精神修养，符合大学生的认知特点，有利于帮助他们逐渐深入对视觉素养课程内容的学习和认知，提升能力和素质。

3. 课程实施注重学生的实践体验

视觉素养课程虽然以课堂教学为主，但是却非常注重学生的实践体验。尽管传统文化距今遥远，但是课程实施中还是比较多地注重与生活实践建立联系。例如南京师范大学的视觉文化与媒介素养课程中包含中国剪纸文化的内容，教师不仅会给学生看很多剪纸图片，增强他们的精神感受，还会准备好工具让学生亲自去体验剪纸文化的魅力。学生的学习不再脱离生活和实践，这种方式使大学生的主动性和积极性极大增强。

（二）不足之处

国内视觉素养课程设计的不足之处也比较明显，主要有以下方面。

1. 视觉素养课程特色未凸显

目前国内大陆地区的大学视觉素养课程设计主要以南京师范大学的课程为参考，包括课程目标、课程内容、课程模式等，导致视觉素养课程千篇一律，特色不明显。况且，当前视觉信息种类繁多，视觉素养的范围亦是非常广泛，因此视觉素养课程设计不能人云亦云，而应根据实际需求使之更加丰富。

2. 视觉素养课程设计理论被忽视

经过与某些大学设计视觉素养课程的教师交流，发现他们在进行视觉素养课程设计时并未参考相关理论，多是在已有的视觉素养课程的基础上进行修改，课程目标和内容都未经过调整。缺乏视觉素养课程设计的理论指导，课程目标和内容的有效性、可用性等都会大打折扣。

第三章

技术进化视域下视觉素养教育诉求

技术革命风起云涌，5G、VR、AIGC 等技术迭代更新日益构成人们现代化生存的必要条件，我们的社会已经被数字技术重新定义。技术无以比拟地创造了我们的世界，包括我们的财富、我们的经济还有我们的生存方式。[①] 在新技术不断涌现并替代旧技术的发展过程中，各种先进技术不断诉诸视觉，嵌入人们的影像传播、游戏、购物、旅游等场景中。技术正在以超乎想象的速度进化，可以说转眼间天才般的复杂技术就产生了，[②] 技术积累和变迁突破性发展，速度和创新成为时代口号。这种技术演进和发展的过程便是技术的进化。伴随技术的进化，"看"的主体与"被看"的客体也在无形中发生转变。当各种制图软件出现后，合成视觉时代到来，知觉走向了自动化。例如，公共场所监控摄像头越来越多，我们看的时间和空间都被大大拓展，我们看的同时也成了被看的对象。从看的主体来看，看不再是眼睛的专属功能，人们不仅是用眼睛看，还借助机器看，机器成为眼睛的延伸，人与技术甚至融合成现代的"视觉机器"，诠释着视觉场域。从被看的客体来看，视觉信息已不再局限于真实场域的客观内容，甚至延伸至虚拟场域的数字内容，

---

① 阿瑟. 技术的本质 [M]. 曹东溟，王健，译. 杭州：浙江人民出版社，2014：4.
② 威尔逊. 知识大融通：21 世纪的科学与人文 [M]. 梁锦鋆，译. 北京：中信出版集团，2016：152，191，71.

例如抽象的虚拟现实图像、丰富的视频图像等，再如元宇宙的沉浸式数字空间，让我们不仅看，还沉浸于其中。当"看"与"被看"发生变化，那么对人们视觉素养的要求也越来越高，视觉素养的教育诉求也在发生变化。

第一节　技术视域下视觉表征逻辑演化

视觉是我们最基本也是最重要的感官之一。在日常生活中，我们借助于视觉系统来获取大量的信息，例如我们看到的物体的形状、颜色、纹理等。这些信息如何被编码和表示是长期以来备受关注的问题。最近，随着神经科学和计算机视觉领域的不断发展，越来越多的研究者开始关注视觉表征。视觉表征是指大脑对外部环境的视觉信息进行加工处理，形成复杂的表征，并将这些表征存储在神经元之中，以供后续的认知和决策使用。视觉表征包括了不同的特征，例如颜色、形状、纹理等，并将这些特征整合起来构成我们对于物体的认知。

表征是一个复杂的概念，牛津英语词典将其解释为"以一种特殊方式对某人或某物的描述或描绘"，比如一张照片或一段视频对某人或某物的再现。表征的过程充满不同的表征方式、视角和技术等，其关键在于过程的变化和差异。尤其是视觉表征，不同于文字表征的确切性，也不再是所见即所得，而是充满了变数的创变和重构，可以理解为"编码—解码"的多样化过程。视觉形象是一个动态的符号，生产者在特定的语境中生产出来，通过交流场域到达观看者。生产者的表意实践是视觉信息的"编码"过程，观看者对视觉信息的理解相当于"解码"过程。在这个过程中，同样的人或物会呈现完全不同的符号形态，因此编码会不可避免地涉及文化政治问题，比如重大的历史事件如何反映社会变迁的进程、日常生活及其情感想象怎样表达等，都有相当多的规则和差异。① 可以说，编码是一个复杂的意识形态植入过程，编码者自身的文化、教育、社会等背景因素会隐蔽地植入视觉信息。要想理解一件艺术品，必须正确理解他们所属的时代精神和风俗风貌。例如，哥德式建筑在封建制度正式建立的时期发展起来，正当 11 世纪的黎明时期，社会摆脱了诺曼人与盗匪的骚扰，开始稳定。到 15 世纪末叶，近代君主政体诞生，促使独立的小诸侯割据的制度，以及与之有关的全部风俗趋于瓦解的时候，哥德式建筑也随之消灭。② 于是，随着技术的进化发展，编码的技术特征变得突出，视觉表征的逻辑也在发生转变，从形式逻辑到辩证逻辑，最后发展成反常逻辑，每个时代的视觉形式都彰显出其独有的特征。

一、视觉表征的形式逻辑

视觉表征的形式逻辑就是绘画、雕刻和建筑的时代，它与 18 世纪同时结束。③ 绘画、雕刻和建筑是人类视觉艺术的三大领域，它们都通过形式来表达思想、情感和美学。在这些领域中，形式逻辑是非常重要的一个概念，它涉及作品中的组成部分、结构和关系，以及这些元素如何相互作用来产生意义、引导观众的注意力，以及传达艺术家所想要表达的信息。

（一）绘画的形式逻辑

绘画是使用线条、色彩、形状和纹理等元素来创造形象的艺术形

---

① 周宪. 视觉建构、视觉表征与视觉性：视觉文化三个核心概念的考察 [J]. 文学评论，2017（3）：17-24.
② 丹纳. 艺术哲学 [M]. 傅雷，译. 天津：天津社会科学院出版社，2007：11.
③ 维利里奥. 视觉机器 [M]. 张新木，魏舒，译. 南京：南京大学出版社，2014：125.

式。其中最基本的形式逻辑是线条和形状的使用。线条可以用来描述物体的轮廓、纹理和运动方向等，同时也可以用来创建模式和图案。形状则是定义物体空间的基本单位，它们可以被组合在一起形成更大的形状或空间。除了基本的线条和形状之外，颜色也是绘画中非常重要的一个元素。颜色可以用来表达情感，也可以实现光与影的效果，改变画面的氛围和感觉。此外，绘画中还包含了透视、比例和光影等技巧，这些技巧可以帮助艺术家创造出更逼真的绘画作品。

人们认为，画家通过无声的颜色和线条世界打动我们，唤起我们身上一种没有表现出来的解码能力。绘画可以赋予物体独有的特征，产生深度或立体的错觉，运动、形状、颜色甚至材料等都有特殊的表现力。每一代人积累起来的这些方法和技巧都是一种一般描绘技术的组成部分，这种技术最终能到达物体本身和人本身，人们并不以为物体和人包含偶然或模糊的东西，对于绘画来说，在于达到十全十美。① 绘画的技术可以理解为人的绘画技能，受到外在环境和内心世界的双重影响。画家放入绘画中的东西，不是直接的自我、感觉的细微差别本身，而是他的风格，画家用他的风格影响自己的作品，也用他的风格影响其他画家的绘画或世界②。例如莫奈，虽然是印象派画家，但是其早期和后期的作品风格却不尽相同，这种差异源于莫奈所处环境与身体状况的变化。风格是画家为了表现作品形成的体系，体现了画家的绘画特点，这也使人们习惯性地将画家与其风格建立联系。放大镜能显现细密画作中伟大作品的风格本身，因为画家的手把动作本身中的风格带到各个地方，不需要强调每一个点线就能在材料上留下其特征。不管我们用三个手指在纸上画鞋子，还是用粉笔以整个胳膊的力量在画板上绘画鞋子，我们的

---

① 梅洛—庞蒂. 符号［M］. 姜志辉，译. 北京：商务印书馆，2003：56-57.
② 梅洛—庞蒂. 符号［M］. 姜志辉，译. 北京：商务印书馆，2003：62.

笔迹都能被认出，因为我们的笔迹不是在我们身体中与某些肌肉有关、旨在完成某些在生理上确定的动作的一种自动性，而是一种在换位的情况下风格保持恒定的一般表达能力。① 绘画的形式逻辑体现了客观与主观的融合，客观的和令人信服的表达对感官来说不再是真正完成的作品或符号，因为从此以后，表达已经超越客观的视觉符号，而是借由符号通向人与人之间精神交流的层面。波德莱写道：一件完成的作品不一定是完美的，一件完美的作品不一定已经完成。绘画通过线条、图形、颜色等形式元素，就能到达观众，到达画家的沉默世界，建立人与人之间的交流。

（二）雕刻的形式逻辑

雕刻是通过雕刻材料来创建三维立体物体的艺术形式。因为雕刻涉及实际物体的形状和空间，所以形式逻辑与绘画不同，更加复杂。主要体现在以下方面。

1. 形状与比例

形状和比例是雕塑作品中最基本的要素之一。形状指的是雕塑作品所呈现的外部轮廓或立体形态，可以是几何形状、有机形状或抽象形状等。艺术家通过精确的形状设计可以传递出作品要表达的主题或意图。

比例是指雕塑作品中不同部分之间的相对大小关系。正确的比例能够使作品显得平衡和谐，而不正确的比例可能导致作品显得违和或变形。艺术家需要根据作品的主题和表现手法来选择合适的比例，以使作品产生视觉上的舒适感。

2. 线条与轮廓

线条在雕塑中扮演着重要的角色，它们可以用来勾勒出物体的形态和轮廓。不同类型的线条可以传达出不同的情感和意义。例如，流畅的

---

① 梅洛—庞蒂. 符号［M］. 姜志辉，译. 北京：商务印书馆，2005：79.

曲线可以传达柔和和优雅的感觉，而锋利的直线则可能表达力量和决断的感觉。

在雕塑创作中，艺术家需要仔细考虑线条的运用。他们可以通过加强线条的厚度或深浅来突出特定部分的形态，或者通过线条的方向来引导观者的目光。线条的运用不仅可以增强雕塑作品的表现力，还能够营造出独特的视觉效果。

3. 质感与材质

质感是指雕塑作品呈现的表面纹理和触感。不同的材料（金属、石头、木材等）会赋予作品不同的质感，并影响观者对作品的感受和理解。艺术家可以通过雕刻、打磨、涂饰等技法来增强作品的质感。

材质也是雕塑创作中的重要考虑因素。不同的材料具有不同的性质和特点，它们对雕塑作品的表现力和寿命都有着重要影响。艺术家需要根据作品的主题和要表达的意义来选择合适的材料，并运用相应的工艺技法进行处理。

4. 空间与形式

在雕刻中，最重要的元素是空间。雕刻家必须考虑每个角度观察作品时的视觉效果，以及不同角度下物体的形状和比例。由于雕刻一般是从一个固定的角度进行观看，因此艺术家必须对他们的作品进行非常仔细的规划和设计，保证无论从哪个方向看都能够呈现出美感。雕刻还涉及材料的选择和使用。例如，木头、大理石和金属等材料都有自己的特点和限制，艺术家必须了解如何在这些材料上工作，以及如何利用它们的质地和纹理来增强作品的表现力。

5. 结构与平衡

雕塑的结构是指作品内部的组织方式和构建方式。艺术家需要考虑作品的稳定性和坚固性，确保作品能够自立并保持平衡。结构的设计应该符合物理力学的原理，并在材料和工艺选择上充分考虑作品的重量和形态。

平衡在雕塑中也起着重要的作用。平衡可分为对称平衡和不对称平衡。对称平衡是指两侧的形状、质量和线条相似或相等，使得整个作品看起来稳定和协调。不对称平衡则是通过不同的元素在空间中的分布和排列实现的，从而增加作品的动感和张力。

（三）建筑的形式逻辑

建筑是使用材料和空间来创造物理结构的艺术形式。因为建筑涉及空间的组织、人类活动的需求和材料的特性，所以形式逻辑相对于绘画和雕刻来说更加复杂。

在建筑中，最重要的元素是空间和尺度。建筑师必须考虑整个结构的大小、比例和布局方式，以及如何使用不同的材料和颜色来增强整体效果。建筑也涉及人类活动的需求，例如通风、采光、隔音和安全等要素都需要被考虑到。与绘画和雕刻不同的是，在建筑中，时间也是一个非常重要的因素。建筑的设计和建造需要几年甚至几十年的时间，因此建筑师必须预测未来的需求和趋势，以确保他们的设计能够持久并且有用。建筑中还涉及结构和材料的使用。在建筑中，不同的材料可以被用来实现不同的功能，例如混凝土可以用来支撑重物、钢铁可以用来增强结构、木头可以用来创造温馨的氛围。建筑师需要了解每种材料的特性，以及如何将它们组合在一起来实现所需的功能和美学效果。除了以上元素之外，建筑中还包含了许多技术和工程上的考量，例如电气系统、排水系统、通风和空调系统等。这些技术和工程要素也需要被纳入建筑的形式逻辑中，以确保整个建筑结构的安全性和可持续性。

由于文化的差异，各个时期和不同地域的建筑也各具特色。例如哥德式建筑，"哥德式"源于歌德族，被古人用来形容一切野蛮、陈旧和丑陋的东西。历史上将此赋名于中世纪建筑名不副实。哥德式教堂的形式是一种象征，暗示庄严神秘的东西。正堂与耳堂的交叉代表十字架，玫瑰花窗连同它钻石形的花瓣代表永恒的玫瑰，叶子代表一切得救的灵魂；各个部分的尺寸都相当于圣数。① 另一方面，形式的富丽、怪异、大胆、纤巧、庞大，正好投合病态的幻象所产生的夸张的情绪和好奇心，他们排斥圆柱、圆拱、平放的横梁，总之排斥古代建筑的稳固的基础、匀称的比例、朴素的美，而是选择两根交叉的曲线复杂的结合，追求庞大。② 哥德式建筑持续了四百年，既不限于一国，也不限于一种建筑物，从其发展来看，哥德式建筑表现并且证实极大的精神苦闷。再以中国古建筑为例，中国古建筑的外形也在不断变化与发展的过程中逐渐完善、成熟，最终形成自己特有的样式。中国古建筑是灿烂辉煌的文化传统中极其重要的组成部分。从外部观察，中国古建筑由独特的外形与构件组成，形成了特有的"语言系统"；从发展的进程考察，中国古建筑结构由粗犷走向细腻，形式由单一走向多样，在各个历史阶段，建筑的外形都在不断地发展、进步。中国的绝大多数古建筑都是木头所造。用木头制造建筑，非中国独有，但唯独在中国数量最多、应用最广、技术水平最高。可以这样说，中国古建筑与世界其他建筑形态最基本的区别是大量地使用木头及在此材质上发展出来的高超的建筑技艺。这种情况的产生与中国的自然环境有关，也源于中国人对待建筑的态度：虽然木头易腐烂，最怕火灾，能够历经百年而依然存在的木建筑数量很少，但中国人对待建筑的态度是"不求物之长存"③，人们将建筑看作是生命的一个部分，生死交替，往复循环。所以对于建筑，中国人热衷的是重建，而不是保存。从这个思想出发，木材建筑独独在中国被发扬光大

---

① 丹纳. 艺术哲学［M］. 傅雷，译. 天津：天津社会科学院出版社，2007：44.

② 丹纳. 艺术哲学［M］. 傅雷，译. 天津：天津社会科学院出版社，2007：44.

③ 梁思成. 中国建筑史［M］. 天津：百花文艺出版社，2005：13.

并日臻完善也就不足为奇了。

中国木结构建筑是由立柱、横梁、顺檩等主要构件建造而成，各个构件之间以榫卯相连接，构成富有弹性的框架。木结构建筑由于木材的特性，采用了类似于现今的框架式建筑结构，做到了承重与围护分工明确：木支架承担屋顶重量，外墙遮挡阳光、隔热防寒，内墙分割室内空间。由于墙壁不承重，所以赋予了建筑物以极大的灵活性，可以根据设计的要求任意调整墙壁与窗户的位置，极大地丰富了房屋的外形。所以，在木结构的基础之上，中国古建筑发展出楼、台、亭、榭等种类繁多的建筑样式。

二、视觉表征的辩证逻辑

视觉表征的辩证逻辑时代是摄影的时代、电影的时代，或可称为照片的时代。① 摄影作为一种视觉艺术和传媒形式，通过捕捉现实世界中的图像来传达信息、表达意义和唤起观众的情感。在摄影过程中，辩证逻辑的原理也扮演着重要的角色。辩证逻辑强调对立关系的综合与展示。在摄影中，摄影师通过选择特定的主题、构图和视角来将各个元素融合为一个整体，并通过摄影技术的运用展示出来。例如，通过景深的控制、运动的捕捉或是特殊的光影效果来突出图像的主题或情感。这种综合与展示的力量使图像能够表达和传递更深层次的主题或情感，引发观众的思考和共鸣。摄影时代主要是借助技术手段将所见进行记录，构建有力量和深度的图像和视频。在所有图像中，摄影具有超强的再现能力，照片中的东西往往是现实事物的影像，所以人们认为"所见即所得"，因此对摄影具有很强的信任感。哪怕照片上的内容经过了一定处

---

① 维利里奥. 视觉机器 [M]. 张新木，魏舒，译. 南京：南京大学出版社，2014：125.

理，多数人也会认为是真实的。人们对摄影的信念，不只是对技术的认可，更是一种观念的积淀。

1839 年 8 月 19 日，在法国科学院与美术学院的联合集会上，公布了法国画家达盖尔的银版摄影术，法国政府放弃对这项发明的专利，并公之于众。人们通常把这一天作为摄影术的开端。"达盖尔来了，摄影图像与他一起诞生了，并且飞速发展遍及整个世界。视觉知识的一切准则都发生了明显变化。"这是摄影术发明一百年之际，法兰西学院召开的纪念大会上法国著名诗人、美学家保罗瓦莱里的演讲。"多亏有了摄影术，我们的眼睛逐渐适应了期待应该看见的事物，并因此看见了必须看的事物，而且它还教会眼睛不看以前曾经看得如此清楚的事物的本领。"那是一个值得纪念的日子，摄影术的出现，人类的视觉功能从此发生了改变，而更大的意义在于我们从此可以像写字一样，用图片来记录人类的生活和整个世界，用图片自由表达拍摄者的意图，而且这种记录和表达被认为是"客观""真实"的。[1] 从早期的成像技术来看，摄影就是复制对象，无论达盖尔摄影术还是塔尔伯特的负正片摄影法，都是利用化学和暗箱技术真实地再现所拍摄的对象。如果我们反观人类制造图像的历史，会发现大多数摄影所能达到的模拟真实的程度确实远远高于绘画，仅从这一角度来看，当时人们对摄影的激赏和认可是完全可以理解的。无论是与绘画图像相比较而言，还是从摄影的成像过程——自动的机械过程，和所凭借的媒介——光学和化学，以及在此基础上与实证主义和科学主义结合形成的对摄影特性的认识来看，都让当时以及后来的人们相信摄影就是现实的真实再现，对摄影的这种态度和观点深入人心，逐渐积淀成对摄影根深蒂固的观念。[2]

---

① 胡中节. 透明的图像［D］. 南京：南京师范大学，2013.

② 胡中节. 透明的图像［D］. 南京：南京师范大学，2013.

人们相信摄影是客观世界的真实再现是因为他们认为相机是融合光学和化学科学的机器，是一种可靠的自动化成像工具。照片就是对现实客观的记录与描述，摄影师的主观性很少，发挥的作用也很少，这使得人们有理由相信摄影作品能够精确地反映客观现实，相信摄影是真实、客观的，因此照片会被拿来用作呈堂证供、科学资料、纪念凭证。但是数码摄影的出现，彻底改变了人们对摄影原有的看法，因为它在成像技术、显现和传输等方面都发生了根本性改变。与传统负正片成像的银盐摄影相比，数码摄影在技术上大不相同，传统照相机被数码相机取代，胶卷变成了存储卡，电脑和软件扮演了传统暗房的角色。而所有这些差异中，最关键的是数码相机的成像技术，它抛弃了物质的胶片，取而代之的是电荷耦合元件（也可称为图像传感器）。物体反射的光线进入相机后，打在电子传感器上，电子传感器影像转化为数字信号储存在记忆卡中。此时，影像变成了虚拟的数字，不但我们无法触摸到，而且一旦切断电源，即刻消失，也就是说，我们不借助电子显示屏无法看到拍摄的影像。此外更重要的是，建立在虚拟数字基础上的影像可以任意篡改，这使人们对照片完全失去了原有的信任。数码媒介并不是现实的转录，而是对信息的转化。简单来说，数码媒介中信息在电子回路中以数字形式存在，而非以实际的、有形的物质存在。这种虚拟性与以实物存在的照片相比，无疑从媒介本身就增加了人们的不信任。

三、视觉表征的反常逻辑

视觉表征的反常逻辑时代就是随着视频通信、全息摄影和计算机制图的发明而一道开启的时代。似乎到了 20 世纪末，现代性的终结本身就由公共再现的逻辑终结来标示。① 反常逻辑表征指的是在视觉信息中出现的与我们对世界常识的理解相违背的情况或特征。这些特征可能是不合理的物体组合、错误的尺度关系、不寻常的颜色搭配等，也可能是技术带来的"眼见并非为实"的数字化、虚拟化的图像或视频，带给我们新的时间和空间景观，让我们失去自我的判断和自我控制的能力。例如合成的图片、虚拟的场景都让我们拥有特殊的心流体验，并沉迷其中。视觉表征的反常逻辑表征引发了观者的好奇心和想象力，使他们思考视觉信息的真实含义。视频通信、全息摄影和计算机制图等技术扰乱了现实概念本身，具有控制事实的潜能，并引发了传统摄影、电影等公共再现的危机，营造出一种反常的在场，物体或生灵的远距离远程在场，它会替代自己的存在，就在现时现地。②

技术的发展也在一定程度上破坏逻辑真理与美学真理之间的平衡，这种失衡引发的机器伦理使人们生活在最高程度的工具理性之下，导致美学真理面临凋零萎缩的风险。在视觉表征的反常逻辑时代，我们正面临着一个全新的现实。过去，人们习惯于相信眼见为实，认为图像能够真实地呈现客观事物。然而，随着技术的发展和普及，我们逐渐意识到图像并非总是真实可信的。图像的反常逻辑时代，可以追溯到数字图像处理和计算机图形学的兴起。这些技术的进步使得我们能够轻松地创建、修改和共享图像，从而使得图像具有了更广泛的用途和影响力。然而，技术的进步也引发了一系列问题和挑战。首先，视觉表征的反常逻辑给人们创造了虚假信息，例如通过 Photoshop 等图像处理软件，人们可以轻易地对图像进行篡改，使其看起来与真实情况完全不同。这种虚

---

① 维利里奥. 视觉机器 [M]. 张新木，魏舒，译. 南京：南京大学出版社，2014：125.

② 维利里奥. 视觉机器 [M]. 张新木，魏舒，译. 南京：南京大学出版社，2014：125.

假信息的传播对新闻报道、社交媒体和广告产生了重大影响。人们很难辨别出真相和谎言，导致信息的混乱和误导。其次，视觉表征的反常逻辑让我们对视觉表达的理解方式发生了变化。过去，人们通常将图像视为客观的再现，可以直观地传达信息和情感。然而，在技术发达的时代，我们必须更加警惕图像中的主观性和操控性。一个图像可能经过多次编辑、滤镜处理和修饰，以达到特定的目的和意图。这使得我们需要对图像进行更深入的分析和解读，以了解背后的真实含义。最后，视觉表征的反常逻辑带给人们隐私和安全方面的担忧。通过人脸识别技术和生物特征扫描等手段，我们的个人身份和隐私正在受到更多的威胁。虽然这些技术在一些情景下可以提供便利和保护，但也容易被滥用和操纵。人们越来越担心自己的图像和个人信息在未经许可的情况下被使用，从而导致不可预料的后果。

面对视觉表征的反常逻辑，我们需要采取一系列措施来应对挑战。首先，通过视觉素养教育提高公众的视觉素养。人们需要具备辨别虚假图像和真实图像的能力，避免被误导和欺骗。此外，政府和监管机构也需要加强对图像处理和使用的监管，确保信息的真实性和可信度。其次，技术的创新和发展可以帮助我们应对图像的反常逻辑。例如，通过区块链技术可以确保图像的来源和修改历史不被篡改，从而提供更可信的信息来源。同时，图像识别算法的进步也可以帮助我们检测出篡改和虚假的图像。最后，个人隐私和安全的保护是关键。法律和道德规范需要明确规定和执行，禁止未经许可使用他人图像和个人信息。此外，人们也需要提高自己的网络安全意识，保护个人隐私，避免个人图像被滥用和操纵。

在视觉表征的反常逻辑时代，我们也需要培养批判性思维和信息素养。不仅要关注图像本身，还要对图像的来源、背景和意图进行深入了解。我们应该学会质疑和验证信息的可信度，不轻易接受表面的真实性。此外，媒体和传媒机构在图像使用和报道中也应承担更多的责任。他们需要采取措施确保使用的图像是真实可信的，并提供充分的背景信息和证据。同时，新闻媒体也需要加强事实核查和编辑审查，以减少虚假信息的传播。在技术方面，人工智能和机器学习算法可以用于检测和识别虚假图像。通过训练模型来辨别篡改和操纵过的图像，帮助我们更好地应对图像的反常逻辑时代。此外，开发更加安全和可信的图像处理软件也是必要的。

总之，在图像的反常逻辑时代，我们面临着诸多挑战和问题。然而，通过教育、监管、技术创新和个人努力，我们可以逐步应对这些挑战，并建立一个更加真实、可信和安全的图像环境。同时，我们也需要不断地反思和探索，以适应这个充满反常逻辑的时代。

第二节　技术视域下视觉传播遭遇挑战

伴随着新兴信息技术与媒介的深度融合，技术化倾向成为当前媒介融合的典型特征，同时也改变了传播生态的各个要素。一方面，传播形式、传播内容和传播主体等传播的关键要素已经突破了以往传播中刻板、单一的特征，逐渐走向多元化、开放化和泛在化；另一方面，这种革新改变了传播环境中媒介与人、媒介与社会的关系，随之而来的是加速人的异质化并消解人的真实存在，[1] 人在传播过程中"观看、感知和参与"的方式发生变化。因此，在新的传播生态下，视觉素养教育也

---

① 汝绪华．算法政治：风险、发生逻辑与治理［J］．厦门大学学报（哲学社会科学版），2018（6）：32-43.

要与时俱进，应从单一化走向多元化，从独立化走向融合化，从而使受教育者能够自如应对媒介融合带来的挑战。

一、传播形式多元化变革人的"观看"逻辑

如今，摄像头、手机、无人机、可穿戴设备等技术产品成为人与社会建立关系的日常媒介，其移动化、视觉化和沉浸化等特征体现了人与媒介的深度融合，即媒介的具身化。媒介演变成一种技术性存在，促使传播形式从单一的图像、文字、声音等转向以视觉为中心的数字化媒介深度融合，并由此带来人类的视、听、触等感官体验的重构。从古至今，"观看"始终处于人类获取信息的主导地位，从柏拉图的洞穴之喻开始，"看"就被视为人类最重要的知觉形态，[①] 直至当今的移动互联网社会，"视觉"依然是人类最主要的感官偏好。只不过"观看"不再只是生理学上基于眼球运动的自然视觉，也不再只是眼睛独有的感官属性，而是技术催生下各种"视觉机器"借助光学仪器赋能"眼睛"的延伸，甚至是"眼睛"的增强，扮演了视觉假肢[②]的角色。同时"观看"又在其他多种媒介感知手段的支持下增加了人脑对外部世界、信息和知识的表征与认知能力。因此，技术视域下的观看逻辑已悄然发生变化，无论是观看行为还是观看场域都已打破"眼见为实"的客观逻辑，走向"虚实结合"的主观逻辑。

从观看行为来看，人类本能的自然观逐渐被削弱，取而代之是技术观的增强，带给人们"此看非彼看"的新视觉体验。20世纪，画家保

---

① 陈文敏，林克勤."视界是屏的"：技术化观视的演进理路与视知觉体认 [J]. 编辑之友，2021（4）：67-74.

② 维利里奥. 视觉机器 [M]. 张新木，魏舒，译. 南京：南京大学出版社，2014：10.

罗·克利便指出"如今是物体在看我"①。事实证明，当代技术使"不用目光就能获得一种视觉"成为一种可能。例如智能摄像头可以自动判断场景并拍摄画面。"观看"打破传统的"主体—客体"单向线性模式，转向"主体/客体—技术—客体/主体"的双向循环模式。"人"不再是观看的唯一主体，具身化的"视觉机器"逐渐上位，帮助人、代替人甚至篡改和监视人的"观看"。如今抖音、快手等新媒体平台的崛起又带来了"视觉迷狂"般的特征，② 信息处理变成随意进退、多任务处理，观看的本质是快速浏览、刷屏、对视、共视，③ "看"与"被看"的主客关系变得模糊不清，"互看"成为技术观视域下的显著特征。

从观看场域来看，观看主体与客体的时空关系、虚实界限被打破，观看的真实性被消解，现实概念本身被扰乱。法国哲学家维利里奥认为视频通信、全息摄影和计算机制图等技术发明使图像进入"逻辑反常时代"，物体或生灵实现了远距离远程在场，④ 这是一种跨时空的反常在场。随着近几年 VR 和 AI 技术的快速发展，虚拟嵌入现实，观看带来一种亲临现场、沉浸式的视觉、知觉和体感的全新体验。物体已经脱离了直接或间接的观察，客观现实让位于机器分析，"所见即所得"的视觉思维被颠覆。

由此可见，媒介技术视域下，"观看"开启了一种我们的眼光所不

① 维利里奥. 视觉机器 [M]. 张新木，魏舒，译. 南京：南京大学出版社，2014：117.

② 屈云东. 媒介融合下的视觉跨媒介传播及其动力模式 [J]. 吉首大学学报（社会科学版），2019，40（6）：136-142，151.

③ 陈文敏，林克勤. "视界是屏的"：技术化观视的演进理路与视知觉体认 [J]. 编辑之友，2021（4）：67-74.

④ 维利里奥. 视觉机器 [M]. 张新木，魏舒，译. 南京：南京大学出版社，2014：124-125.

熟悉的移情，创造出一种远和近的相互混淆，甚至实和虚的错位融合，人类感官得以重组和再造。但是，以超高清视频、沉浸式影像等为主要代表的媒介形态将进一步加剧人们感官的不平衡，在我们的"眼睛"可以看得更多、更远的同时也不可避免地带来想象力的伤害，带来美学内涵和文化仪式的降维，非礼勿视等传统理论被消解。"你在桥上看风景，看风景的人在楼上看你"的诗情画意与网红地打卡拍照、发朋友圈的技术行为发生断裂。于是，合理利用媒介技术服务于人更好地"观看"，规避技术对人的"观看"的控制和奴役，并深入理解"观看"的技术逻辑是人们面临的新挑战。

二、传播内容开放化重构人的"认知"维度

媒介技术的代际更迭降低了传播的门槛，利用媒介进行传播并获取信息成为现代人习以为常的生活方式。但同时带来专业媒体权威话语权的撼动和转移，传播话语权从专业媒体转移到普通受众，信息传播垄断被打破，信息生产与信息消费机制随之发生变化，对大众的信息认知产生极大挑战。

一方面，信息生产实践变革引发信息洪流，致使人的注意力和理解力衰减。智能手机的普及与5G技术的发展，使人们对于生产实践活动的意见表达和权利诉求成为可能，人人都是传播者，动动手指便可以通过微信、抖音、小红书等平台发布和分享自己或他人诸多方面的信息。用户生产内容开始成为互联网时代信息生产的重要组成部分，[①] 信息速度和容量急速增加。传播内容也不再是传统意义上严肃的公共事件或时政新闻，而是包含海量的政治经济和天文地理知识的内容、丰富的娱乐

---

① 王月，张心志. 从"成为"到"生成"：移动传播情境下信息生产实践变革与省思[J]. 中国出版，2019（24）：41-43.

生活和私人活动，甚至是博眼球、赚流量的不实信息和低俗内容。因此，大众拥有话语权的同时也催生了信息泛滥、传播泛化等现象，伴随信息的视频化，进一步刺激着人们的信息消费欲望，人们处于"无尽的点击—恍惚"状态，沉迷于视觉和信息狂欢带来的快感，导致信息消费目的与结果背道而驰。与此同时，碎片化、速成化的阅读成为习惯，人们对于发布的内容多是快速浏览而不会进行理性和深入的分析，导致深度思考和注意能力频频降维。西蒙指出"信息消费接受者的注意力，大量的信息会带来注意力的不足"之后，澳大利亚学者罗伯特·哈桑进一步提出：人们在信息面前的软弱正日益变成一种病态，即慢性注意力分散，这对认真思考能力提出了巨大挑战。①

另一方面，信息消费模式转型带来被动消费升级，人的认知方式和思维方式趋于固化。信息消费是"直接或间接以社会信息产品和信息服务为消费对象的消费活动"②。随着技术的发展，信息消费模式由传统的图书、报纸、书信等跨时空的单向消费转向即时通信、搜索引擎、网络新闻、社交应用等无时不在的交互消费，③ 影响着人们对信息的认知与加工。首先，复杂的社交关系网络促使信息的获取变得更加快速，任何重大新闻事件在极短时间内便会"刷屏"，信息传播的内容不是具体的事件描述，而是附加传播者非逻辑、非理性的表达，人们很容易不加辨析地获得强认同感，甚至忽略事实本身而产生感性"共情"。因此，盲目相信不实信息、轻易质疑权威信息或者"先分享后思考"等已成为认知常态。其次，智能推荐算法通过分析用户的信息消费偏好为其推荐内容，使人们重复获取同质化的信息内容，形成"信息茧房"，

---

① 哈桑. 注意力分散时代［M］. 张宁，译. 上海：复旦大学出版社，2021：104.
② 何李新. 齐泽克的赛博空间批判［J］. 外国文学，2014（2）：135-142.
③ 魏晓燕. 信息消费的伦理困境及其应对路径［J］. 江苏社会科学，2017（5）：143-149.

蒙蔽人们对内容的认知和理解，看似个性化、人性化的推荐其实在悄然固化甚至扼杀人们活跃的思维。

在信息生产和消费开放的背景下，媒介技术赋能信息传播"有为"的同时也带来人们信息认知方面的"无为"，因此，人们需要不断提升认知扩容、深度思考等方面的能力以避免陷入数字化认知陷阱。

三、传播主体泛在化颠覆人的"参与"方式

当今人类已进入智慧社会，机器（智能传感器、系统平台、智能代理）、人和网络形成了一个比人类社会网络还庞大的虚拟网络空间，这也包括媒介传播网络、信息传播网络以及知识传播网络。智能技术与媒介传播的深度融合对传播模式产生了重大影响，其中一个非常重要的特征就是传播网络中的主体呈现泛在化趋势，主要体现为传播主体从以往以人为中心的模式转向人、机（智能体）共存的模式。人不再是传播的唯一主体，人工智能技术驱动的智能体在传播过程中的主体属性日益凸显，这意味着人与智能体在传播网络中的边界越来越模糊，单从媒介传播的角度甚至无法区分传播的主体是人还是智能体。① 特别是近年来，由于商业利益、政治目的的考虑，人工智能技术驱动下的自动化新闻技术、社交机器人已被新闻机构、政府部门、商业机构广泛接受和采用，在媒介传播网络中出现了一大批机器人记者、机器人编辑、机器人博主等。例如，《华盛顿邮报》采用自动化写稿软件 Heliograf 对 2016 年里约奥运会进行报道，它对源源不断的数据进行分析整理后，把信息和事先订制的新闻模板里的对应词句配对，然后组成新闻稿，发表在不同的平台，如果发现数据异常，Heliograf 还会提醒记者注意。可以看

---

① MONTAL T, REICH Z I, ROBOT. You, Journalist. Who is the Author？［J］. Digital Journalism，2017，5（7）：829-849.

出，随着技术的不断进步，智能体在媒介传播网络中所起的作用越来越重要，影响越来越大。

正是由于传播主体的泛在化趋势，媒介与受众的关系从疏离走向融合，造成媒介传播网络中的主体出现"人机难辨"的现象，未来人类在媒介传播网络中将要长期面对"与机共舞"的情景，人在传播网络中的"参与"方式将发生颠覆性的变革。一方面，媒介传播将不再是人与人之间的交流，而是人与机器、机器与机器之间的交流，这表明人与机器从人机交互的被动单向关系转变为人机协同的主动双向关系。另一方面，智能手机、AR、VR 等移动计算技术的普及化和低廉化，极大地增强了人对媒介传播网络的接入、感知、创作和传播能力，人们纷纷涌向社交媒体展示自我，寻找认同并彰显自身的社会价值。① 人在传播网络中的参与程度将从"浅层参与"演变为"深层互动"，通过多维度、全息式的感知创作手段促使信息、知识、思想更加顺畅和高效地传播、交流和演化，这是以往任何时代都难以实现的，也对当今时代的人们在增强辨识、认知和交互等综合能力方面提出更高要求。

综上可见，人在传播环境中"观看"逻辑、"认知"结构和"参与"方式的转变意味着人与媒介关系的融合加深、人的媒介权利逐渐扩大，但同时导致过度的媒介依赖、信息认知偏见、伦理道德消解等诸多问题。面对媒介技术对人的改变，人也要具备更加优秀的素质以适应视觉、媒介与信息互相交织、不分你我的共生环境。因此，我们亟须"视觉素养教育"这种综合性的素养教育，以应对媒介融合时代传播格局的变革。

---

① 顾洁，田选宁 . 5G 时代物的回归、视频化社会构建与电视转型 ［J］. 郑州大学学报（哲学社会科学版），2020，53（4）：114-128.

第三节　技术视域下视觉思维潜在改变

在当今数字时代，技术的迅猛发展正在深刻地改变我们对世界的认知和思考方式。随着计算机视觉技术的不断进步，我们可以利用计算机自动地从图像中提取特征、识别对象、理解场景等。计算机视觉的发展使得我们能够以前所未有的方式处理和利用图像数据。在技术视域下，计算机视觉的崛起改变了我们对于图像的认知和思考方式。传统上，我们主要依靠肉眼来观察和理解图像，但现在我们可以借助计算机的帮助更加深入地分析和解读图像。计算机视觉的出现使得我们可以更加高效和准确地处理大量的图像数据，从而开启了新的研究和应用领域。视觉思维是指基于视觉信息进行推理、判断和决策的思维方式。它是人类通过视觉感知和分析来获取知识和理解世界的能力。传统上，视觉思维是人类特有的思维方式，但随着计算机视觉技术的出现和发展，计算机也可以模拟和应用类似的思维过程，从而具备一定程度的视觉思维能力。技术视域下的视觉思维是指在计算机视觉技术的支持下，人类和计算机共同进行视觉分析、推理和决策的一种智能思维方式。在技术的视域下，视觉思维正在经历着深刻的变革。随着人工智能、机器学习、计算机视觉等领域的快速发展，我们对于图像和视觉信息的处理方式和理解方式也在不断演进。

首先，我们的视觉思维从依赖知觉转向数据驱动。传统上，我们对于图像的理解主要基于个人的经验、直觉和主观判断。然而，计算机视觉技术的发展使得我们可以利用海量的数据来训练和优化模型，使其具备图像分析和识别能力。数据驱动的视觉思维要求我们收集和使用大量的图像数据，通过机器学习算法从中提取特征并进行模式识别。这种方式不仅可以提高图像分析的准确性，还可以挖掘出一些人类难以察觉的规律和信息。然而，数据驱动的视觉思维也带来了一些问题和挑战。数据的质量和多样性对于模型的表现起着关键性的作用。如果数据集不够全面、准确，或缺乏代表性，那么训练出的模型可能会产生误导性的结果。此外，数据的隐私和安全问题也需要得到重视和保护。

其次，技术发展推动多模态视觉思维的兴起和发展。传统上，我们主要通过视觉感知来理解图像和信息，但现在我们可以结合多种感知模式，如声音、触觉等，来丰富对图像的认知。多模态的视觉思维不仅能够提供更加全面和多样化的信息，还可以增强我们对于图像的理解和表达能力。例如，在虚拟现实和增强现实领域，我们可以利用多种感官模式来创造沉浸式的体验，使人们能够更好地与图像进行互动和交流。多模态的视觉思维也带来了一些挑战。其中一个挑战是如何有效地整合和处理多模态数据。不同感知模式之间存在着复杂的关联和交互，如何将多种感知模态的信息进行有效融合和分析，仍然是一个需要解决的问题。此外，多模态的视觉思维还需要考虑个体差异和多样性。不同的人在感知和理解图像时可能会有不同的偏好、能力和经验，因此我们需要设计灵活且个性化的多模态界面和交互方式，以满足不同个体的需求。

再次，在技术视域下，可解释性和透明度成为视觉思维中的重要问题。传统上，我们对于图像的理解主要基于直觉和经验，难以准确解释和概括我们对图像的认知过程。然而，计算机视觉技术的应用使得我们需要解释和理解模型的工作原理和决策过程。可解释性和透明度要求我们深入理解和解释计算机视觉模型的内部机制，如特征提取、模式识别等。这可以帮助我们发现并防止模型出现偏见、歧视等问题，并增加对模型结果的信任和可靠性。此外，透明度还涉及对算法和数据的审查和监控。在图像的处理和分析中，算法和数据的选择可能会对结果产生重大影响。因此，我们需要建立机制来评估和监控算法的运行结果，以确保公正性和准确性。

最后，技术视域下的视觉思维也带来了一系列伦理和社会影响。第一，随着计算机视觉技术的发展，人们对于个人隐私和数据安全的担忧不断增加。图像数据的收集、存储和使用可能会侵犯个人的隐私权，因此我们需要制定相应的法律和规定来保护个人隐私。第二，图像处理和分析技术的不断进步也引发了虚假和操纵图像的问题。通过技术手段，人们可以篡改、伪造甚至操纵图像，从而制造谣言、误导公众或进行欺诈活动。这对于社会的信任和公正产生了负面影响，因此我们需要加强对图像真实性和可信性的验证和审查。第三，技术视域下的视觉思维也带来了一些社会和经济层面的变革。例如，计算机视觉技术的应用在自动驾驶、智能监控、医疗诊断等领域有着广阔的前景和潜力。这将对相关行业和就业产生影响，并可能引发一系列的道德和社会问题，如人类与技术的关系、工作岗位的转变等。

技术视域下的视觉思维的改变是一个充满挑战和机遇的过程。随着计算机视觉、机器学习和人工智能技术的不断发展，我们可以预见视觉思维将更加智能化、多模态化和数据驱动化。然而，在追求技术进步的同时，我们也需要关注伦理、社会影响和可持续发展的问题。通过合理引导和应用技术视域下的视觉思维，为我们创造更加智能、高效和可持续的未来。

第四章

技术进化视域下视觉素养教育理念

技术进化改变视觉表征的同时也对人的视觉思维产生了影响，人们已经习惯于视觉表征的发展，传统的静态图片已经无法满足人们对于信息的需求，而动态图像、交互式界面和虚拟现实等技术则对视觉素养提出了更高的要求。与此同时，社交媒体、移动设备和智能手机等技术的普及，使得人们每天接触到大量的视觉信息。人们变得越来越依赖各种视觉信息，然而如何从海量的信息中筛选出有用的内容，并正确地理解和传达这些信息，成为一个亟须解决的问题。因此，提升人们的视觉素养尤为重要。开展视觉素养教育要明晰其基本理念，包括受教育群体的特征是什么、受教育群体的视觉素养内涵是什么以及如何针对他们开展视觉素养教育，这三个方面为视觉素养教育"从哪里开始、走向哪里"提供了方向性指导。视觉素养要根据不同的群体设置不同的视觉素养教育目标、内容、活动和评价等内容，具有层次性。为了提供更加明确的视觉素养教育思路，以下内容均以教育技术学本科生教育为案例，进行具体的视觉素养教育分析。

第一节　视觉素养内涵的两个维度与两个层面

视觉素养是"以交流为目的，对视觉信息进行解码与编码的能力"，这两种能力是视觉素养的核心能力。视觉素养教育在此基础上进行调整和开展，譬如教育技术学本科生的视觉素养可以理解为"以教育技术学本科生的交流为目的，对视觉信息进行解码和编码的能力"。这是对教育技术学本科生视觉素养的一般性定义，现实情况下，由于教育技术学本科生的一般性和特殊性，使视觉素养的内涵也具有一般和特殊的色彩。分析教育技术学本科生的视觉素养内涵需要了解教育技术学本科生的一般性和特殊性，从而厘清教育技术学本科生的视觉素养内涵。

一、视觉素养教育的对象分析

视觉素养是一个一般化的笼统概念，众多研究者将之定义为对视觉信息的选择、理解、评价、应用等能力。这些定义多以大众为接受对象，以一般的视觉信息为观看内容，从而在迎合社会发展的层面提出了一系列应对能力。尽管很多研究者将视觉素养定义进行细化，但是在具体的视觉素养教育实施过程中，仍然不能提供很好的参考。主要原因有以下两个方面。第一，视觉素养是一组能力，无法进行量化并进行衡量；第二，不同群体的文化、教育、社会背景不同，对视觉素养的需求不同，于是视觉素养教育也便趋于模糊，不能一概而论。如何开展视觉素养教育以及开展什么样的视觉素养教育令国内外众多教育者困惑，各种各样的视觉素养教育理念与实践也让教育者眼花缭乱。视觉素养教育一定要从根源——视觉素养的定义入手，明确观看主体是谁，被观看对象是什么，社会、学校等对观看主体的期望是什么，综合分析来确定观看者在观看视觉对象时应具备的能力。

本书对教育技术学本科生视觉素养教育进行研究，观看主体是教育技术学本科生，"被观看对象"以及"观看时应具备的能力"需要从社会、学科和学生等多个角度分析，既要关注教育技术学本科生的一般特征又不能忽略他们的专业特征，两个层面对他们的视觉素养有不同的要求，从而使视觉素养具有了基础内涵和专业内涵。

（一）一般性：本科生特征分析

教育技术学本科生首先具有一般大学生的特性，他们生活在视觉转向的时代，在这种时代下，"信息大多以机械复制为技术，以光电为传播媒介，以摄影、电影、电视为表现形态"①，视觉技术和视觉信息逐渐成为当代大学生认识社会、了解世界的主流窗口。调查发现，91%的学生十分依赖图像阅读，他们在选择信息时首先相信"眼睛的感觉"。无论是电视剧、电影还是网络等，视觉总是主导的。特别是网络的普及和发展，使得视觉信息具有了即时性、广泛性等特征。通过调查180名各个专业的大学本科生经常接触的视觉符号的类型，发现网络是当代大学生获取信息的主要工具之一，他们生活在QQ、人人网、博客、微博等建立起来的网络社会中。而其中视觉信息总是最先吸引他们眼球的内容之一，特别是各种娱乐图片、新闻图片等。但是89%的大学生仅仅从表面把握图像的意义，未加分析地接受着传播者对他们大脑的洗礼。无论视觉信息的类型是什么，观看都并非如此简单。视觉信息不仅是在传递信息，更是在传播一种价值观念，只有深入了解视觉符号的能指和所

---

① 聂黎生. 读图时代的视觉素养概念及其视觉素养教育［J］. 太原师范学院学报（社会科学版），2009（3）：15-16.

指,才能领会到这种价值观。况且,观看不是简单地使用眼睛的生理过程,而是同时调动大脑思维积极思考的心理过程。英国作家阿尔多斯·赫胥黎(Aldous Huxley)曾用一个公式总结他看清事物的方法:"感觉+选择+理解=观看。"① 换言之,观看包含两个过程,一是"看",二是"看见"。"看"是一种一般的视觉意识,是一种机械的和习惯性的视力过程,主要获取被看物的表面,主要是左脑发挥作用;而"看见"是对机械性和习惯性视力过程的扩展,是一种意识的聚焦,帮助我们理解并创造视觉图像,主要靠右脑发挥作用。我们能用眼睛"看"视觉符号的"能指",但是我们未必能"看见"视觉符号的"所指"。能不能看到视觉符号的所指虽然与我们的知识背景、社会环境密切相关,但是最主要的是我们有没有探索、思考的意识。很多人认为图像信息的快速蔓延,使人的形象思维发达而抽象思维减弱,事实并非如此,图像信息的阅读不仅需要我们具备观察力,还需要我们具备想象能力、批判能力等多方面能力,这些都离不开抽象思维的作用。此外,"在视觉文化时代,高校的教学和设备本身就要求学生不断提高自身的视觉素养,去适应这种视觉化学习。学校资源包含了很多视觉化的成分,比如教师用的课件,无处不在的电影电视。只有明白潜藏在影像背后的隐喻才能更好地学习,也有利于知识的融会贯通"②。大学生需要具备的视觉素养不仅是能力的体现,更是一种方法的建构,从符号的能指到符号对象再到符号所指的多个层次,它需要大学生有意识地去建构这种方法。

(二)特殊性:教育技术学科特征分析

在教育技术学的每个发展阶段,"视觉教育"始终都是重要而基础

---

① 莱斯特.视觉传播:形象载动信息[M].北京:北京广播学院出版社,2003:3.
② 张浩.试论高校学生视觉素养培养[J].当代传播,2010(3):106-108.

的工作。① 教育技术学生的专业能力培养与就业现状，均离不开与视觉技术和视觉资源打交道。因此，视觉素养对教育技术学生的发展具有重要作用。视觉素养教育不单是培养学习者对视觉信息的理解、批判、创造等能力，还应注重对学习者思维的培养并关注他们的精神需求，提高他们的学习、交流等能力，帮助他们形成正确的价值观，促进全面发展。

1. 专业能力结构特征

教育技术学专业的办学宗旨是实现知识学习与职业能力培养的和谐统一，其特点是将能力体系的建构置于优先地位，以完整的能力体系取代严密的知识体系，强调职业适应能力。② 教育技术学人才应该具备什么样的能力结构一直受到专家学者的关注，尽管意见不一，但是有一种能力始终处于重要地位，即媒体资源开发能力。例如，内蒙古师范大学的孙沛认为"教育技术学专业的核心能力是媒体资源开发技术"；华南师范大学的徐福荫认为"影视与多媒体创造能力是一级能力"；内蒙古师范大学的李龙认为"媒体（资源）开发、应用能力是教育技术人才的高层专业能力"；徐州师范大学的邱婧玲认为"媒体资源开发能力是基础实践能力"。教育技术的94定义和04定义中也都体现了"学习资源的设计、开发、应用、管理和评价"的无法替代的核心地位，它同时反映了教育技术人才独特的学习和工作性质，因为"技术的发展已使得媒体资源成为学习资源的主要部分，目前仅有教育技术学专业专门进行媒体资源的研究"③。媒体资源的质量关系着教学效果的好坏，因

---

① 张舒予. 视觉文化研究与教育技术创新 [J]. 中国电化教育，2006 (4)：10-15.

② 李红美. 教育技术学专业本科生实践创新能力培养的探索 [J]. 电化教育研究，2011 (1)：100-103.

③ 孙沛. 对教育技术学专业培养核心能力的反思 [J]. 电化教育研究，2007 (6)：34-36

而教育技术人才肩负着开发优质媒体资源的责任。媒体资源多是"以多媒体的形式（文本、图形、图像、动画、视频）展示在学习者面前，产生出一种图文并茂、丰富多彩的动人景象，能有效地激发学生的学习兴趣，获得良好的学习效果"①。教师和学生生活在充满视觉信息的社会，每天面对各种各样的视觉信息。教学领域中，视觉信息的比例也在逐渐增大，无论是教科书还是其他教学资源中，视觉信息随处可见。尽管视觉教学资源的使用处于增多趋势，但是这并不意味着学习效果的提升。任何类型的信息必须被有效地设计成可读性强的并值得阅读的材料才会对阅读者产生好的效果。② Pettersson 认为，"差的设计可能会在无意中使学习者产生困惑，导致学习效果不如以前"。因此，优质的媒体资源不仅体现为丰富而合理的学习内容以及高超的技术呈现手段，还体现为符合学习者特征的外在形式，例如课件中的色彩、布局、图形等。视觉元素影响学习者对资源的学习态度和学习效果，是媒体资源开发中不可小觑的元素。然而教育技术学专业中对视觉能力的培养始终未得到足够重视。"教育技术学是一门研究在教育中运用相关技术优化教学理论和实践的学科"③，尽管教育技术学专业针对媒体资源的开发能力开设了摄影与摄像技术、教育电视、多媒体技术、Photoshop、Flash、网页制作等课程，但是这些课程多以培养学生的技术能力为主，很大程度上忽略了对于视觉信息的辨别、鉴赏等能力的发展。而且从教育技术学科本身来看，学生知识结构严重缺乏人文和艺术基础知识，目前的课程

---

① 张景生，谢星海. 浅论教育技术价值观 [J]. 电化教育研究，2004 (11)：26-30.

② YEH H T, CHENG Y C. The Influence of the Instruction of Visual Design Principles on Improving Pre‐Service Teachers' Visual Literacy [J]. Computer & Education, 2010 (54)：244-252.

③ 李龙. 教育技术领域·学科·专业 [J]. 中国电化教育，2005 (12)：5-10.

体系却对人文艺术的重视不够，很少涉及这方面的课程。① 于是为了弥补教育技术本科生在人文艺术、视觉辨别、审美等方面的缺失，帮助他们发展更好的素养以开发出优质的媒体教学资源，在教育技术学专业开设视觉素养课程可视为一种有效途径。

2. 本科生就业发展特征

教育技术学专业要培养什么样的人才，一直是许多专家学者关注的热题。南国农先生曾提出，教育技术要培养四种人：（1）教学人员——中等学校信息技术教师；（2）技术人员——教育软、硬件开发人员；（3）科研人员——新理论、新技术、新产品研究、设计人员；（4）管理人员——电教机构、网络教育系统等管理人员。② 此外还有研究者调查分析社会对教育技术学专业本科毕业生的需求，从更具体的方面介绍了教育技术学本科生毕业后的工作性质③。一是在中、高等院校教育技术中心工作。主要承担视频、多媒体制作，多媒体环境的设计、管理和维护，网络教育的应用、开发、管理和维护等工作。二是在院校、部队、党政机关和企事业等单位的宣传、文化教育部门工作。主要承担多媒体教室、礼堂、会议室等的设计、管理和维护工作，以及仿真实验、模拟训练、远程教育等现代教育方式的技术保障工作。三是从事教育技术专业的教学工作。主要承担中、小学信息技术课程教学和实验，部分高等院校教育技术专业课程的教学工作。四是从事各地电教馆和电大系统的业务工作。主要承担相应的软硬件设备使用、维护和管

---

① 沙景荣，王晓晨. 教育技术学本科专业人才培养的工程学思想 [J]. 电化教育研究，2005（7）：9-12.

② 南国农. 中国教育技术学专业建设的发展道路 [J]. 中国电化教育，2005（9）：3-8.

③ 武雪飞，武雯. 关于教育技术学本科毕业生任职能力的延续思考 [J]. 电化教育研究，2008（10）：43-47.

理，以及部分软件平台的应用与开发。五是从事媒体工作。主要承担相关平面媒体、立体媒体的教育技术岗位工作，以及有关媒体节目的制作及技术保障工作。为了进一步了解教育技术本科生的毕业状况，笔者也随机抽取了 40 位某大学教育技术学专业 2015 级和 2016 级本科毕业生并对他们进行调查：18 位本科生毕业后直接在中小学担任信息技术教师；10 位考上研究生，但毕业之后仍在中小学担任信息技术教师；3 位在大学教育技术中心或实验室工作；5 位公务员；4 位在公司工作。（如图 4-1 所示）从学生的就业方向看，大多数毕业生的工作离不开教学和多媒体制作。优质的视觉教学资源不仅体现在技术的应用，还体现在合理的视觉设计，这要求教育技术学专业学生具备视觉素养，提升自身从"所指"到"能指"的开发设计能力。

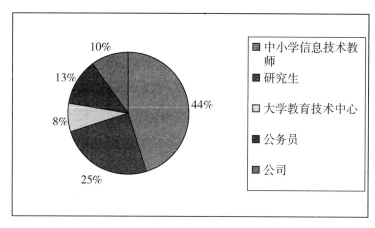

图 4-1　教育技术本科生就业去向调查情况

3. 本科生视觉教学信息开发特征

通过对 20 位获得教育技术学本科学位的中小学信息技术教师的调查，发现他们的工作主要是教学以及制作课件，对多数毕业生而言制作课件是必不可少且相当重要的工作，有的毕业生不仅要为自己的课堂教学制作课件，还要为其他教师制作课件。课件的主要形式是 PPT，使用方便简单，而 Flash 课件主要是用来参加比赛，制作和使用都比较复杂，可操作性不强。PPT 课件的制作不仅体现在技术的应用，还体现在合理的视觉设计，这样才能使教学资源更加符合学习者的认知。但是通过对信息技术老师访谈的发现，很多信息技术老师并未过多关注内容呈现的方式，而只注重内容本身，即使使用一些图像，也多是为了吸引学生的注意力。分析了信息技术教师的教学课件发现问题如下。第一，文字信息过多；第二，色彩搭配不合理；第三，内容组织结构欠佳；第四，个性化不突出。调查还发现一个有趣的现象，即男女教师的课件设计风格迥然不同，男教师的课件中，色彩、图像使用相对较少，而女教师的课件中，色彩、图像使用较多，较注重细节。调查的 20 位信息技术教师中，有的教师对视觉素养有一定了解，并在设计过程中有意识地去应用，他们的课件的可用性要比其他教师的高。因此，视觉素养对他们的课件制作、资源开发起到举足轻重的作用。教育技术学专业的学生既需要具备感知和解析视觉资源的译码能力，又需要具备设计开发视觉教学资源的编码能力，而这两个方面是提升教学效果的基本要素。① 两个方面需要平衡发展，避免偏颇。

基于对教育技术学本科生的一般性与特殊性分析，应从两个维度和两个层面分别解析视觉素养内涵。

二、视觉素养内涵的两个维度

通过前面对视觉素养本质的探讨发现，决定视觉素养的关键词有两个，即"视觉"和"素养"。"视觉"区分了视觉素养与听觉素养、计算机素养等其他素养，突出了视觉素养的范围。"视觉"是在横向上对

---

① YEH H T, CHENG Y C. The Influence of the Instruction of Visual Design Principles On Improving Pre-Service Teachers' Visual Literacy [J]. Computer & Education, 2010 (54): 244-252.

各种视觉信息进行划分，"素养"则是在纵向上对能力的层次进行划分。因此，视觉素养可以通过两个维度进行解析，即"视觉维度"和"素养维度"。视觉维度影响视觉素养的广度，而素养维度则影响视觉素养的深度，如图4-2所示。对视觉素养的这种划分我们称之为"视觉素养的二维解析"，之所以进行这种解析，是因为视觉素养是一个宽泛且难以把握的概念，尽管有许多视觉素养教育的案例和理论，但是在具体的实施与操作过程中，依然会面临一些难以解决的问题。例如：如何选择合适的教学信息？培养学生哪些方面的能力？怎么评价学生的这些能力？只有明确这些问题的答案才能使视觉素养教育更加明确和清晰。视觉素养的视觉维度主要研究和分析视觉信息的种类和特点，素养维度主要研究和分析个体针对某种视觉信息所需要的能力，这种二维解析可以帮助研究者和教育者将视觉素养内涵具体化，使视觉素养教育的可操作性增强。

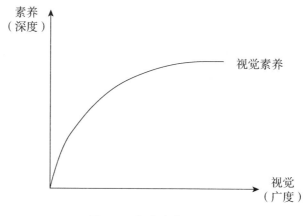

图4-2 视觉素养二维图

（一）视觉维度：基于符号分类的解析

符号的分类提供一种分类方法，决定视觉信息的划分，并对视觉素养的广度产生影响。

1. 符号的分类

无论是对视觉信息的译码还是编码，视觉信息的类别决定了教育技术学本科生视觉素养的广度。视觉信息是抽象的，它们只有附着于符号这种载体才能得以传播。符号的分类决定了视觉信息的分类。关于符号的分类有不同标准，有的按照感觉方式将符号分为听觉符号和视觉符号；有的按照符号的形态分为语言符号和非语言符号。罗兰·巴尔特将符号分为语言符号和符号学符号。语言符号指语言学视野下的符号，主要是文字符号，而符号学视野下的符号主要指视觉符号。符号学的符号又分为实用符号和功能符号。例如衣服用于蔽体，但也可以被用来表达意义，属于实用符号；雨衣不仅用来防雨，还象征天气情况，属于功能符号。由于符号学研究植根于语言学研究，因此很多研究者对符号的划分都未脱离语言学的影响。而皮尔斯的符号划分则脱离了语言学的束缚，他主要依据符号和对象之间的关系对符号进行分类。他的分类方法对非语言符号给予了重视，这是他和其他符号学研究者的不同。[①] 本研究主要是关注视觉符号的特点和分类，而皮尔斯的符号分类方法恰好关注非语言符号，并且是"符号分类中最为实用的一种方法"[②]，因此皮尔斯的符号分类法可以作为参考标准。皮尔斯把符号分为图像符号（icon）、指索符号（index）和象征符号（symbol）。图像符号是通过写实或模仿来表征符号对象的，其表现体必须与对象的某些特征相同，图像符号中，符号形体与符号对象之间的关系表现为某种肖似性。[③] 需要注意的是，这里的"肖似性"并不完全局限于形象上的相似性，例如地图、心电图甚至抽象的几何图形，由于和对象之间具有某种相似性，仍然属于图像符号。指索符号是符号形体同被表征的对象之间的一种直接

① 任悦.视觉传播概论［M］.北京：中国人民大学出版社，2008：92.
② 陈宗明.符号世界［M］.武汉：湖北人民出版社，2004：18.
③ 陈宗明.符号世界［M］.武汉：湖北人民出版社，2004：19.

的因果或临近的联系，因此指索符号的符号对象总是一个确定的、与实践和空间相关联的事物或事件。① 例如大雁南飞是冬天的指索符号，树叶发芽是春天的指索符号。象征符号是一种符号形体与符号对象没有相关性或直接联系的符号，它可以自由地表征对象，象征符号的符号形体与对象之间的关系仅仅建立在社会约定的基础之上。② 例如五个福娃是北京奥运会的象征，福娃本身与奥运会没有任何直接关系或相似关系，但是创造者将意义赋予福娃并与北京奥运会建立了联系，从而具有一种象征性。再如交通指示灯，红灯代表停，绿灯代表行，这也是建立在社会约定的基础之上。

2. 教育技术学本科生的视觉素养之视觉维度分析

我们生活在符号的世界，卡希尔也认为人是符号的动物。对教育技术学本科生来说，他们的学习、娱乐、生活等都离不开符号，尤其是视觉符号。报纸、杂志、电影、电视和电脑充满了图形，我们的社会靠视觉调谐着。③ 视觉传播学者保罗·M. 莱斯特曾说："今天的现实是，我们周遭的世界以视觉为主要媒介，我们对世界的理解不是通过文字，更多的是通过视觉信息。"④ 视觉信息的载体是视觉符号，换言之我们通过各种视觉符号获取信息、了解世界。皮尔斯的符号分类将文字置于符号之外，着眼于整个符号世界，无论是图像符号、指索符号还是象征符号，都是视觉信息的载体，因此都是视觉符号。尽管皮尔斯的符号分类非常实用，但是范围太广，在实施操作过程中需要根据群体、需求等进一步细化。

---

① 陈宗明. 符号世界 ［M］. 武汉：湖北人民出版社，2004：19.
② 陈宗明. 符号世界 ［M］. 武汉：湖北人民出版社，2004：20.
③ FRIEDRICH S. 图像时代：视觉文化传播的理论诠释 ［M］. 孟建，译. 上海：复旦大学出版社，2005：14.
④ 莱斯特. 视觉传播：形象载动信息 ［M］. 北京：北京广播学院出版社，2003：446.

教育技术学本科生生活在符号世界，但是在不同的环境下，他们获取的符号类型也有所不同。按照他们所处的环境划分，可以分为课堂环境和课外环境。首先，在课堂环境中，教育技术学本科生的学习离不开视觉媒体和视觉信息，这是符号得以生成和传播的前提。为了明确他们接触的视觉符号类型，本研究选取了6所开设教育技术学本科专业的高校，对每所高校的五门课程进行了深入调查，这五门课程涵盖了教育类基础课程、技术类课程以及通识类课程，主要是教育技术导论、教育技术传播学、摄影与摄像技术、教育电视、大学英语。课堂教学中，学生接触的主要教学资源是教材、教学课件，视觉信息的多少与课程性质、教师喜好等相关。其中，教育技术导论、教育传播学、大学英语课程中应用的视觉信息相对较少，无论是教材还是教师的课件中都是如此，而且应用的视觉信息多是以各种示意图的形式呈现，用来补充和解释文字信息；在摄影与摄像技术、教育电视课程中，视觉信息的使用相对较多，多是以图片和视频的形式呈现，特别是在教师的课件中，视觉信息呈现的频率更高。在课外环境中，学生接触的视觉信息更是形形色色。随机调查32名学生，他们一致表示，相对文字而言，他们更喜欢视觉化的信息，他们获取视觉信息主要是通过网络、电视、电影、杂志等媒介。因此，皮尔斯的符号分类需要进一步细化，这样才能使视觉素养课程的操作性更强。根据教育技术学的学科特征，本科生开展的视觉素养教育可以分为基础教育和专业教育，基础教育主要以课外环境中的视觉信息为观看对象，属于大众教育；专业教育主要以课堂环境中的视觉信息为观看对象，体现了学科和学生能力的专业性。

以皮尔斯的符号分类为依据，对学生获取的视觉符号进行划分。在课堂环境中，视觉符号主要是图像符号，包含图表、图像、视频、模型。视觉符号对教学起到良好的促进作用，戴尔的"经验之塔"说明了学习经验越具体、形象，教学效果越好。戴尔的"经验之塔"理论不仅说明视觉经验的重要性，它自身的形式也是对视觉符号的一种诠释。戴尔的"经验之塔"符合"双重编码"理论，其中文字是对"经验之塔"的详细解释，"经验之塔"的图形是对文字的补充，三角形表现出塔的形状，从最底层往上层层递进，说明了从具体到抽象的发展。文字和图形的同时呈现，使"经验之塔"理论一目了然。在课外环境中，学生除了接触图像符号，还会接触到与生活相关的各种实体符号，例如交通信号灯等，因此课外环境中的视觉符号同时包含图像符号、指索符号和表征符号。将这些符号按照不同的标准进行划分（如表4-1所示），可分为图像符号、指索符号和象征符号。图像符号又可以按照不同的分类标准进行划分，如果按照生成符号的技术媒介划分，可以分为电视、电影、网络、杂志、报纸等；如果按照符号的呈现形式划分，可以分为电视剧、电影、新闻、娱乐、广告、照片等。指索符号和象征符号是经常被人所忽视的，尽管这些符号随处可见，既有自然的，也有人为的，但是对很多人来说，他们都是在无意识地获取和辨识这些符号，而这些符号的意义也已内化到生活了。课堂环境中，视觉符号主要是图像符号，指索符号和象征符号的应用较少。而图像符号主要表现为图表、图像、视频和模型等。课外环境中，学生接触到的符号包含图像、指索和象征三种类型。

表4-1　课堂课外环境中的视觉符号分析

	图像符号	指索符号	象征符号
课堂环境	图表 图像 视频 模型	——	——

续表

	图像符号		指索符号	象征符号
	按照技术媒介划分	按照呈现形式划分		
课外环境	电视 电影 网络 手机 杂志 报纸 书籍	电视剧 电影 新闻 娱乐 广告 图片 图表	自然的 人为的	自然的 人为的

对课堂环境中视觉符号的解读与课外环境中的视觉符号的解读存在差异，因而相对应的素养要求也有所不同。针对课外环境中的视觉符号，本科生需要具备基本的选择、解读、分析和应用能力，能够从能指解析到所指，获得不同层次的意义。针对课堂环境的视觉符号，则需要本科生具备更敏锐的观察力、更强的创作力去理解和应用这些图像符号，不仅是完善他们的专业能力结构，还为他们将来的"传道授业解惑"奠定坚实基础。

（二）素养维度：基于符号构成的解析

符号的构成为人们获取信息提供一种认知方式，影响视觉素养的深度。

1. 符号的构成

"符号是什么？符号由什么构成？"是每个符号学研究者都会探讨的问题，也是符号学研究的基本问题。分析已有研究成果可见，符号可以用一种指称关系来描述。A 是符号，它必须是一种有形的实体，但它代表的不是它自己，而是另外一种事物 B。对 B 事物而言，它既可以是有形的也可以是无形的。例如词语"空气"是一个符号，但它代表不是这两个字体本身，而是空气这种无形的物质。从这个例子可以分析符号的构成：第一，符号必须有外在的形态，例如文字、图像等；第二，符号必须代表一个事物，这个事物既可能是有形的也可能是无形的；第三，符号必须传达一定意义，"没有无意义的符号，也没有不赋予符号的意义"①。符号传达的是一种抽象的概念，而不是一个具体的事物，例如"玫瑰花"这个词代表的是玫瑰花的概念，而不是某一朵玫瑰花。索绪尔使用能指和所指的概念描述符号，它将符号代表的事物和意义融合在"所指"之中。因此，符号的形态、符号代表的事物和符号的意义构成了符号。我们综合索绪尔、罗兰·巴尔特和皮尔斯对符号的解构与相关概念，将能指、所指和对象作为符号的三个组成部分，如图4-3所示。

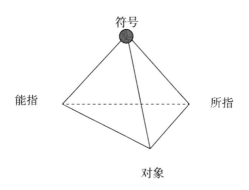

图4-3　符号的构成

符号之所以是符号，是因为它处于传播过程中。传播离不开符号，也"没有不传播的符号"②。这一特征是判断某物是否是符号的参考之一。符号是人们传递信息、获取信息的载体。将符号置于传播过程中进行分析，必然离不开对编码和译码的认知，因为编码和译码是符号得以

---

① 李彬. 符号透视：传播内容的本体诠释［M］. 上海：复旦大学出版社，2003：6.
② 杜士英. 视觉符号的性质与特征［J］. 美苑，2010（6）：86-88.

传播的主要过程。首先，符号的编码是符号生成的根本，编码者将信息以符号的形式呈现出来，传递意义；其次，符号的译码是符号传递的关键，只有译码者能够解析符号的意义，信息的传递方能有效。无论是对符号的编码还是符号的译码，其实都是符号的能指和所指之间相互转换并进行信息传递的过程。符号的编码是指编码者通过一定的媒介和方式，将信息转化为符号的能指。由于信息是通过符号呈现出来的，编码者获取的信息实为符号的所指，因此符号的编码是从符号所指创造符号能指的过程。符号的译码是译码者通过解析符号的能指获取符号的所指从而获取信息，实为从符号能指获取符号所指的过程。

2. 教育技术学本科生的视觉素养之素养维度

通常情况下，大多数人在传播过程中只扮演着译码者的角色，他们接受由编码者创作的各种符号，通过分析符号的所指而获取信息。但是随着时代的发展，大众媒体技术的易用性增强，很多人不仅扮演译码者的角色，也扮演编码者的角色。例如手机、照相机、摄像机等是人们创作符号的工具，博客、微博等是人们传递信息的媒介。人们不再被动地进行译码，而是开始主动地进行编码。视觉素养主要是针对视觉信息，换言之是对视觉符号的译码和编码能力。对于视觉素养培养，人们一直存在认知误区，认为对视觉信息的译码是一项基本技能，"这项基本技能就像走路、说话和进食一样是自动获得的"①。例如，一个蹒跚学步的孩子就会看电视、看图画书。但是这些"看"的技能都是一些基本的，而"对一些高级技能，如图像语言、形象化读写水平就取决于文化背景，并且就像口头语言一样必须通过学习获得。这需要具体的教

① FRIEDRICH S. 图像时代：视觉文化传播的理论诠释［M］. 孟建，译，上海：复旦大学出版社，2005：14.

导，而这种教导至今都甚少发展"①。

从素养维度分析教育技术本科生的视觉素养是源于视觉符号的类型差异。因为对教育技术本科生而言，并不要求他们掌握对所有视觉符号的理解和创作能力。对课堂外的各种视觉符号，教育技术学本科生只需要具备基本的选择、理解、分析与应用能力，能够从符号的能指看到所指，掌握基本的分析方法。对课堂内的各种视觉符号，教育技术学本科生不仅需要具备较高的从能指解析所指的能力，还需要发展从所指创作能指的技能。对教育技术学本科生进行视觉素养教育不仅要达到使他们有所知的目的，还应达到有所思乃至有所为的传播效应和教育效果。② 因此，对教育技术学本科生的视觉素养也便有了不同层次的要求。借用英国作家阿尔多斯·赫胥黎（Aldous Huxley）的公式总结看的过程和方法："感觉+选择+理解＝观看。"观看的第一步是感觉，或者说是看，一种无目的地看；观看的第二步是选择特定的元素来看；观看的最后一步是理解，也就是说，必须设法弄清所选择的关注目标的含义。③ 赫胥黎的观点与英国艺术史学家肯尼斯·克拉克（Kenneth Clark）提出的鉴赏视觉艺术作品的阶段不谋而合，克拉克将观看艺术作品分为四个阶段：第一，将图画作为一个整体，从中获取对图画的大体印象；第二，聚焦于图画中具有吸引力的部分；第三，将对图画的理解与已有的先前经验建立联系；第四，获取图画的意义，产生自己的理解。④ 桑德拉·莫瑞亚蒂也认为，"在视觉传播研究中，可以把人们对图像意义的认识分为四个层次，从不同层次探讨生产者和观者之间的关系：第一层次是

① FRIEDRICH S. 图像时代：视觉文化传播的理论诠释 ［M］. 孟建，译，上海：复旦大学出版社，2005：14.

② 张舒予. 视觉文化概论 ［M］. 南京：江苏人民出版社，2003：57.

③ 莱斯特. 视觉传播：形象载动信息 ［M］. 北京：北京广播学院出版社，2003：3.

④ CLARK K. Looking at Pictures ［M］. London：John Murray，1960：69.

辨认图像符号的信息，观者通过视觉符号的相似性来了解它的意思；第二层次是理解，主要指对索引符号和图像符号的理解，观者在推演的基础上，通过归类的方法了解图像的意义；第三层次是解释，观者完全站在主观的角度进行解读，一般对象征符号的解读都是在这个层次；第四层次是综合，将以上各种方法综合在一起，主要处理对比较复杂的图像的理解"①。

鉴于观看的不同阶段，将之应用到对教育技术学本科生对视觉符号的观看理解过程中，于是便存在与符号构成元素相对应的素养。

（1）"能指"——情感分析

观看的第一步是感觉，或者说是看。感觉活动是人类认识事物最简化的形式，也是人类最重要的认识活动。② 对视觉符号的能指的获取是一种机械的过程，大脑对所看信息的加工很少。人的感觉联系着事物的形状、位置、颜色、明亮度、运动感等。因此，视觉符号的能指带给学习者的是整体印象（颜色、布局、人物等）与情感色彩（喜庆、沉重、积极、消沉等）。对能指的分析能力是视觉素养的基本能力，它影响观看者对符号的深层理解。

（2）"对象"——内容分析

观看的第二步是选择。所谓选择，就是能够从感觉提供给我们的大量画面中，把景物中的一个具体部分隔离出来。选择是由意识和智力控制的行为，③ 对视觉符号的选择是大脑加工处理的过程，此时大脑会将当前的符号元素与已有的认知图式建立联系。心理学研究表明，人们在理解新事物时会本能地与早已存储在头脑中的相关知识和经验联系起来

---

① 任悦 . 视觉传播概论 ［M］. 北京：中国人民大学出版社，2008：95.
② 钱家渝 . 视觉心理学：视觉形式的思维与传播 ［M］. 上海：学林出版社，2006：61.
③ 莱斯特 . 视觉传播：形象载动信息 ［M］. 北京：北京广播学院出版社，2003：4.

形成认知结构。① 符号总是代表另一事物，当大脑分析符号元素的时候必然会分析符号所代表的事物是什么，即符号的对象，或者说符号的内容。对符号对象的认知是能指与所指之间的桥梁，如果观看者不知道符号代表的是什么，那么对符号所指的获取也无从谈起。例如，观看者解析法西斯符号时，如果他的认知图式中没有这个概念，他便不能从中获取该符号的所指。

（3）"所指"——意义分析

观看的第三步是理解，也就是说，必须设法弄清楚你所选择的关注目标的意义。② 视觉符号的各种元素在一定的文化背景下有其固有的意义，当创作者将这些元素组合在一起时已经融入了自身的情感因素，因此视觉符号的所指也便有了附加值，体现了其意义。观看者阅读视觉符号时，由于自身的教育背景、社会背景和生活阅历等存在差异，在解析视觉符号所指的同时会赋予自己的理解和认识，解析出新的意义。因此，即使同样的能指也会对应许多不同的所指。对所指的意义分析是视觉素养的核心，也是当前教育中所忽略的部分。只有将能指、对象和所指综合起来理解，才能称之为对符号有了认识和理解。

（4）"评价"——价值分析

学习者在经过感觉、选择并理解视觉符号之后便完成了观看过程。观看过程是获取视觉符号的意义的过程，也是与符号编码者的思想建立连接的过程。但是，学习者是否一定要认同编码者的思想？还是批判性地加入自己的思考？视觉文化时代的视觉符号繁多，学习者对待这些视觉符号更应该持有一种批判性的态度，不仅要解析符号的所指，"更要做到'有意味地看'，达到高水准的看懂、看好，并将掌握的知识应用

---

① 徐莉. 视觉符号的图式建构［J］. 艺术百家，2006（7）：70-71.
② 莱斯特. 视觉传播：形象载动信息［M］. 北京：北京广播学院出版社，2003：4.

于实践"①。因此学习者不能仅仅理解图像本身，还应该从多角度分析图像的意义，如结合社会学、人类学、教育学等，思考创作者为什么要这样去表达图像？目的是什么？争取做到"既要知其然，还要知其所以然"，从而在一个较高的层次上理解和分析事物，发展批判思维的能力，更好地应用于学习和生活。

（5）"应用"——创造与分享

当前，"看"已不能满足当代大学生的需求，他们还通过各种方式如 QQ、微博、人人网等平台发布自己拍摄的图片、录像等，而且他们还经常分享他们认为精彩的视觉信息，以达到与他人交流的目的。因此，对视觉信息的应用能力也是当代大学生需要具备的能力之一。

（6）"表征"——知识可视化

"视觉素养不仅仅面向接受者，而应从创作者、生产者、传播者、接受者多个层面入手，有一个整体性的建构，防止任何一个层面成为文化的缺氧者。"② 教育技术学专业的教育和技术的双重特性注定教育技术学本科生具备多重身份：学习者、信息接收者、教育者、传播者、教育信息开发者，因此教育技术学本科生应具备更好的视觉素养以满足学习和工作的需要。他们不仅要具备对视觉符号的解读能力，还需要发展对视觉符号的创作能力，即教学中的知识可视化。可视化的知识在学习者学习中扮演了重要角色，"人类不仅仅乐于通过视觉捕捉信息，人们对视觉信息的记忆也非常深刻。对于传播者来说，适当利用视觉信息可以获得更好的传播效果"③。实验证明，当使用视觉符号辅助文字阅读

---

① 张小多，王清. 教育技术专业人才视觉素养培养探析［J］. 广州广播电视大学学报，2009（5）：37-42.

② 刘桂荣，闫树涛. 视觉素养的哲学文化根基. 山西师大学报（社会科学版）［J］. 2007（5）：18-22.

③ 莱斯特. 视觉传播：形象载动信息［M］. 北京：北京广播学院出版社，2003：447

时，他们能记住更多信息。知识可视化是创造视觉信息的手段，也是教育技术学本科生必备的能力之一，它既包含对图像、视频等的制作，也包含对图表的设计与创作等能力。

上述分析可见，对教育技术学本科生而言，他们应具备的视觉素养既需要有广度，也需要有深度。广度体现在视觉符号的类别上，深度体现在素养的层次上。在课程设计和课程实施中，设计者和教师应该根据具体情况有选择地去开展视觉素养教育，帮助他们理解与掌握表征视觉符号方法，而非仅仅传递知识。

三、视觉素养内涵的两个层面

以上两个维度从一般的层面描述了教育技术学本科生的视觉素养内涵，"视觉维度"为课程内容提供参考，"素养维度"为课程目标提供指导。进一步阐释教育技术学本科生的视觉素养内涵，基于"素养维度"划了两个层面：基础层面和专业层面。第一，分析符号的能指，体会符号带给受众的情感色彩。第二，选择并分析符号代表的对象，建立能指与对象的对应关系。第三，理解符号所传达的意义，即获取符号的所指，符号传达的意义通常会因为文化背景、时代背景的差异而不同，并具有层次性，学生应该尽可能去深入理解符号所指的多层意义。第四，判断符号所指传递的价值观，并与自身的价值观进行比较，从而进行价值判断。对所指的价值判断与对所指的分析有时没有完全分明的界限，很多情况下，观看者在分析符号所指的同时便有对所指的价值判断，因此这两个阶段有时是交错在一起的。第五，对符号的表征，即根据已有的资源和信息，将它们的所指转化为教育所需的信息，以可视化的形式呈现出来，是从所指生成能指的过程。第六，对视觉符号的应用能力主要体现在利用视觉符号建立交流网络，学生通过创作、分析等，传递自己的观点与见解，从而建立一种交流。前五个阶段是一般大学生应具备的视觉素养的内涵，也是教育技术学本科视觉素养的基础层面。最后一个阶段——符号表征则属于专业阶段，也是与其他群体视觉素养的不同之处，是教育技术学本科视觉素养的专业层面。它们之间的关系如图4-4所示。

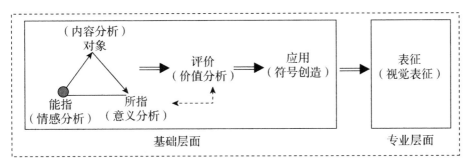

图4-4　教育技术学本科视觉素养层次图

第二节　视觉素养教育需求分析

视觉素养教育的需求分析是开展视觉素养教育的前提，它建立在教育对象的已有特征之上。例如，教育技术学本科生视觉素养教育的需求分析要包括他们的课程设置、课程体系等，在此基础之上找出视觉素养教育的问题并提出具有可操作性的解决方案。

"课程设置是培养方案的核心内容，它是高等教育实现人才培养目标的中心环节。"① 南国农先生曾将教育技术学本科专业课程体系划分

---

① 唐燕儿. 构建教育技术学专业本科学生培养新方案 [J]. 清华大学教育研究，2002 （4）：77-82.

为四类①：第一，教育类课程，占35%，包括必修课程和选修课程，必修课程有教育技术学导论、教育传播学、学与教理论、教学设计等，选修课程包含视听心理学、教育信息学、教育技术管理等；第二，技术类课程，占35%，必修课程有摄影与摄像技术、教育电视、多媒体技术及应用、网络技术基础等，选修课程有程序设计、多媒体教学系统应用等；第三，通识类课程，占20%，必修有政治、英语、计算机基础等，选修有人文、社会科学概论等；第四类，实践类课程，占10%，主要是专业实习、毕业设计或论文等。这些课程的设置固然涵盖从理论到实践多个方面，但是在具体的实施过程中需要充分考虑学生的培养目标、社会对教育技术学本科生的需求等，从而根据需要加大对某些方面课程的建设力度。通过调查社会对教育技术学本科生的需要，发现信息技术教师占最大比例，特别是师范类学校的教育技术学本科生，更多的是从事中小学教学和电教工作。"本科层次应该培养具备一定理论并熟练掌握某类教学资源开发技术的专业人员，其课程设计应该反映教育技术学科的基本结构……技术与技能类课程不应该'杂而全'，而应该是'专而精'。"② 此外，课程的设置应该关注学生的艺术基础，当前很多信息技术教师的课件都有可用性低的特征，包括颜色搭配不协调、结构布局不合理、花哨但不精巧等问题，都在一定程度上影响了课程的质量。尽管教育技术学本科课程体系中包含摄影、摄像、Photoshop、Flash等与艺术相关的课程，但是"这些课程往往以技术学习和软件的掌握为主要任务"③，重技术而轻艺术。"教学是一门艺术，一堂成功的教学离不开

① 南国农. 中国教育技术学专业建设的发展道路 [J]. 中国电化教育，2005（9）：3-8.
② 茹宏丽. 教育技术学专业课程设置问题探略 [J]. 电化教育研究，2005（12）：38-41.
③ 牛婷婷. 教育技术学专业人才视觉素养的培养 [D]. 济南：山东师范大学，2007.

对美的追求。同样，一个课件、一套网络课程，一种教学方法的运用，都以美为根基。"① 教育技术课程设置忽略了对艺术的培养，重教学技术、轻教学艺术。

通过教育技术学本科课程设置现状发现，本科课程设置对技术和教育理论颇为偏重，但事实上艺术相关特别是视觉文化方面的课程也不能忽视。桑新民教授认为"教育技术必须有教育理论基础、技术基础、艺术基础这三大基础支撑"②，南国农先生认为通识类选修课程中包含视觉文化概论。③ "视觉素养"课程并非一门纯艺术类课程，而是一门艺术与应用结合的课程，它既可以帮助本科生了解视觉符号的基本构成，又帮助他们建构解读和创作视觉符号的方法，既从审美的角度提升了自身素质和修养，又从实践角度开发出优秀的教学资源，促进传播和交流。此外，"视觉素养"还有助于本科生对摄影、摄像、网络设计等课程的学习和掌握。因此，建议将"视觉素养"课程作为一门专业选修课，放在大学的第一学年，放在摄影、摄像等课程之前进行选修。

第三节 视觉素养课程模式构建

课程是视觉素养教育实施的落脚点，依托具体的课程有助于针对性地开展视觉素养教育。因此，视觉素养教育的实践建立在视觉素养课程设计与发展的基础之上。厘定课程设计的概念、确定课程设计的要素仅

---

① 陈晓慧，陶双双，孙晶华. 对教育技术学本科课程设置情况的调查与分析 [J]. 中国电化教育，2004（9）：26-30.

② 张军征，刘志华. 教育技术学专业本科教育定位的探讨 [J]. 电化教育研究，2005（10）：33-36.

③ 南国农. 中国教育技术学专业建设的发展道路 [J]. 中国电化教育，2005（9）：3-8.

仅局限于课程设计的概念内涵，并不能全面地涵盖并指导课程设计过程。如何将这些要素进行有机组合，共同完成课程设计，我们还需要通过分析典型的课程设计模式，从中汲取精华，为视觉素养课程设计提供指导。课程设计模式繁多，模式是对课程设计的一个概括和归纳。台湾学者黄炳煌提出："模式是对于假定存在于理论之中诸多关系的一种'图像的表征'，模式是一种'概念性构架'或'理论性的组织体系'，模式包括两个组成部分，一是'要素'或'变项'，二是这些'要素'或'变项'之间存在的'关系'。"① 模式体现的是课程设计的要素构成和关系，模式的功能在于协助看清实体是什么，而不是解释为什么。② 目前课程设计模式主要有目标模式和过程模式。

一、视觉素养课程模式借鉴

教育技术学本科"视觉素养"课程设计模式主要参考目标模式与过程模式，借鉴它们具有特色的部分。

（一）目标模式：以目标为依据，突出课程设计过程

目标模式是以目标为课程设计的基础和核心，围绕课程目标的确定及其实现、评价而进行课程设计的模式。目标模式是课程设计研究之初经典和传统的模式，它强调目标的重要性。目标模式的主要代表模式是美国课程学者泰勒（Tyler）提出的"泰勒模式"。泰勒在其著作《课程与教学的基本原理》中提出了课程设计都必须回答的四个基本问题③：第一，学校应该试图达到什么教育目标？（What educational purposes should the school seek to attain?）第二，提供什么教育经验最有可能达到

---

① 崔智涛. 大学生生涯发展课程设计研究［D］. 上海：华东师范大学，2009：32.
② 黄炳煌. 技职教育课程发展模式之研究［M］. 台北：景文出版社，1988：21.
③ TYLER R. Basic principle of curriculum and instruction［M］. Chicago, IL：The University of Chicago Press，1949：1.

这些目标？（What educational experiences can be provided that are likely to attain these purposes?）第三，怎样有效组织这些教育经验？（How can these educational experiences be effectively organized?）第四，如何确定这些目标正在实现？（How can we determine whether these purposes are being attained?）从这四个基本问题可以看出，泰勒课程设计模式包含四个要素：确定课程目标、选择教育经验、组织教育经验、实施评价课程。四个要素确定了课程设计的程序，首先确定课程目标，其次选择课程内容，再次组织课程内容，最后进行评价。尽管泰勒将课程目标作为课程设计的前提和基础，但是他提出课程目标的设计不能脱离学科内容研究、学习者自身研究以及社会生活的研究，课程目标确立后，设计者应该再通过分析学校教学、教学心理学等进一步修正课程目标，并以此为核心来设计课程。在目标模式的研究者看来，"课程并不关心学生在学习情境中将要做什么，而关心是作为其行为的结果——他们将学到什么或将能做什么。课程关心的是结果，而不关心发生了什么事。依照事实，课程与学习过程保持着预期的关系，而不是报告的关系。它所处理的是期待与意向，更具体地说，即处理通过教学，即通过课程的提供，通过所发生的事情及学习者的所为而达到的预期的学习结果。"① 目标模式的课程设计坚持以目标设计为前提，并把课程目标指向学生行为的改变。

泰勒的目标模式在 20 世纪五六十年代一度成为课程开发唯一的"科学"模式，综合了许多教学思想，涵盖了课程开发的各种要素，简洁明了、易于把握。后来，布鲁姆等人在此基础上进一步分析并编制了课程教学目标，为教育研究者所推崇。尽管后来有研究者对泰勒的目标

① JOHNSON M. Appropriate Research Directions in Curriculum and Instruction [J]. Curriculum Theory Network，1970-1971 （6）：25.

模式进行了批判，但是泰勒对于课程设计的四个基本问题并未做具体的阐释，他认为这些问题的答案在一定程度上会因为教育阶段和学校的不同而不同，这便为课程设计模式的发展提供了空间，现代很多课程设计依然是以目标模式为参考。

对于视觉素养课程的设计，目标模式依然可以作为设计的重要参考。视觉素养课程的目标性明确，即提升教育技术本科生的视觉素养，但是视觉素养的内涵则因为学习者、学科、社会特征的不同而不同，目标模式并不意味着所有的目标都要详细陈列。将教育技术学本科"视觉素养"课程目标分为宏观目标和微观目标两个部分，课程设计者把握并确定宏观目标，在宏观目标的指导下设计微观目标。微观目标具有可改变性，教学实施者根据学校特点、学生特点等进行适当修订以帮助学生提升视觉素养。

（二）过程模式：以学生为主体，突出教学活动设计

过程模式是由英国的课程论专家劳伦斯·斯滕豪斯（L. Stenhouse）提出的，过程模式的建构从批判"目标模式"开始，他反对目标模式的课程设计，认为把目标模式普遍应用于课程开发存在两个基本障碍：① 一是目标模式误解了知识的本质；二是目标模式误解了改善课程实践的过程的本质。斯滕豪斯认为，目标模式适合于训练行为技能，但不适合知识学习。因为"知识的本质在于可以通过知识的运用进行创造性思维"。② 斯滕豪斯还认为，课程设计应该考虑知识的本质，培养学习者创造性的学习，而不是按照预定的目标去培养学生。目标模式尝试将教育质量"形式化"，它更像是课程的一种工具。因此，在批判的

---

① STENHOUSE L. An Introduction To Curriculum Research And Development［J］. London：Heineman, 1975：79.

② 张华. 课程与教学论［M］. 上海：上海教育出版社，2011：116.

基础上，斯滕豪斯提出了过程模式，这个模式以英国的哲学家彼得斯（R. S. Peters）的知识论为依据。彼得斯认为知识以及教育本身具有内在的价值，无须通过教育的结果来加以证明；这些活动有其自身固有的完美标准，应根据这些标准而不是根据其导致的后果来评价；人们可以对他们本身所具有的价值进行争论，而不是对其作为达到目的的手段的价值进行争论。① 有些内容，无法通过明确的目标进行评价与衡量，例如文学、艺术等，据此，斯滕豪斯提出课程开发的任务是选择活动内容，在过程中发展与培养学生。

过程模式强调教学过程的重要性，认为分析有价值的教学活动比确定课程目标更重要。斯滕豪斯依据"人文学科课程计划"制定了五项"过程原则"②：（1）教师应该与学生一起在课堂上讨论、研究具有争议性的问题；（2）在处理具有争议性的问题时，教师应持中立原则，使课堂成为学生的论坛；（3）探讨具有争议性的问题的主要方式是讨论，而不是灌输式的教授；（4）讨论应尊重参与者的不同观点，无须达成一致意见；（5）教师作为讨论的主持人，对学习的质量和标准负有责任。过程模式注重学生的自主、创新发展，强调教师与学生的平等、交互作用，教师是引导者而不是控制者，这与当代的教育价值观不谋而合，具有很高的价值。然而，斯滕豪斯的过程模式并没有提供一个清晰的设计程序，对课程设计者来说具有一定的模糊性，因此过程模式不够成熟，操作性也不够强。

二、视觉素养课程模式构建

视觉素养课程虽然是培养学生的视觉素养，但是由于视觉素养是一

① 张华. 课程与教学论［M］. 上海：上海教育出版社，2011：117.

② ELLIOT J. A Curriculum for the study of Human Affairs：The Contribution of Lawrence Stenhouse［J］. Journal of Curriculum Studies，15（2）：112.

个宽泛的概念，无法进行量化，也无法进行准确的评定，因此在视觉素养课程设计时也应该参考和借鉴目标模式和过程模式，使视觉素养课程设计符合现代教育理念。

视觉素养课程设计以目标模式的设计程序为基础，并参考过程模式的理念。首先确定课程目标，课程目标分为宏观目标和微观目标；其次选择和组织课程内容，要充分考虑学生的发展，选择合适的教学活动；最后评价课程的设计（如图4-5）。无论在课程目标的制定过程、课程内容的选择与组织过程还是在课程设计的评价过程，学生的主体性与教学活动始终是需要被充分考虑的因素，这样才有利于课程设计的开展。

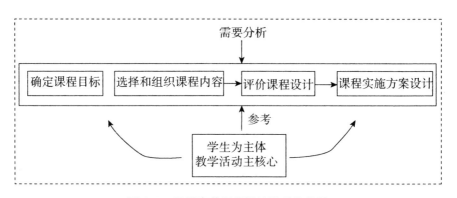

图4-5　视觉素养课程设计模式参考图

目前针对课程设计是否应该包含课程实施存在一定争议，在本研究中，课程设计并未将课程实施纳入其中，主要因为"设计"是关系课程实施是否被包含在课程设计中的关键词语。《现代汉语词典》将设计解释为"设计是在正式做某项工作之前，根据一定的目的和要求，预先制定方法、图像等。如设计师、设计图纸"①。因此，设计具有一定

---

① 中国社会科学院语言研究所词典编辑室编 . 现代汉语词典：第5版 ［M］. 北京：商务印书馆，2005：1203.

的目标指向性，必须遵循一定的原则和要求来达到预期。一般而言，"设计是指建立在分析和综合基础上的深思熟虑的精心计划和预先制定"①，"设计"以问题的沟通为起点，以解决问题的实施计划为终点，"设计"的历程是独立于实施的历程，两者不能混为一谈。② 课程设计是以课程目标的提出为起点，以实现目标的实施计划为终点，不包括课程的实施。课程设计涉及的范围是在课程实施之前，而课程实施过程及评价不应属于课程设计的范围，而是课程设计修订或调整的依据。③ 课程设计相当于设计师提供的设计图纸，它为课程的具体编制和实施提供蓝图。以上课程设计定义中，施良方和韩延伦的定义都基于"设计"的理念。施良方的课程设计在我国课程研究领域颇具代表性，他把课程设计界定为一种特定的组织方式，涉及课程目标和课程内容的选择与组织。但是课程设计不单纯是设计，而要充分考虑社会的需求、学生的发展特征、学科体系等方面，课程设计的本质是为了实现课程目标而对教学进行一系列组织、准备和安排，包含对课程内容的选择和组织，但是课程目标的可操作性、课程内容的可用性等都需要进行测评，于是在课程实施阶段之前需要进行评价，即课程设计评价。鉴于此，韩延伦的课程设计更具有可操作性，他在施良方的课程设计定义的基础上进行细化和优化，他认为"课程设计主要是对课程未进入实施阶段前的课程存在形态和运行模式的设计，它包括课程目标的确立、课程内容的价值判断和选择、课程内容的组织形式或组织结构的选择和安排、前设性评价体系的确立等，它表达的方式具有理论阐述和方法技术的双重形式。"④

---

① 季诚钧. 大学课程概论［M］. 上海：上海教育出版社，2007：26.
② 黄光雄，蔡清田. 课程设计［M］. 南京：南京师范大学出版社，2005：20.
③ 韩延明. 高校文化素质教育课程设计研究［M］. 青岛：中国海洋大学出版社，2005：46.
④ 韩延伦. 大学生文化素质教育课程设计研究［D］. 上海：华东师范大学，2003：10.

综合分析，韩延伦的课程设计更具体、更具操作性，因此本研究主要参考韩延伦的课程设计定义和分类，将"视觉素养"课程设计的要素划分为"视觉素养"课程目标的制定、"视觉素养"课程内容的组织和选择、"视觉素养"课程设计的评价与"视觉素养"课程的实施方案设计。

1. 视觉素养课程目标

从某种意义上说，课程是实现教育目的的途径和工具，课程目标的制定以教育目的为依据，体现教育的意图。课程目标是课程设计的指导目标，是课程设计的起点和重点。美国课程专家博比特（Bobbitt）认为"课程目标是人们需要掌握和形成的能力、态度、习惯、鉴赏和知识形成"。我国研究者廖哲勋认为"课程目标是一定教育阶段的学校课程力图促进这一阶段学生的基本素质在其主动发展中最终可能达到国家所期望的水准。简言之，课程目标是一定学段的学校课程力图最终达到的标准"。目标包含"目的"和"标准"的意思，课程目标既有课程要实现的目的又可以作为课程评价的标准。课程目标对课程内容、课程结构、课程实施、课程评价都具有指导意义和实践意义。① 提到课程目标，许多研究者会想到教育目标、培养目标和教学目标，这些目标范围的不同是区分它们的重要特征。教育目标是一个高度概括的概念，包含了培养目标、课程目标和教学目标。培养目标是对各级各类学校的具体培养要求，是根据教育目的制定的，但又高于教育目标。② 课程目标是针对各学科、课程的教育目标。教学目标则是教师教和学生学的教育目标，它是培养目标和课程目标的具体化，对教学的实施起到指导作用。因此，这些目标由大及小的关系是：教育目标、培养目标、课程目标和教学目

① 高孝传，杨宝山，刘明才．课程目标研究［M］．北京：教育科学出版社，2001：5.
② 高孝传，杨宝山，刘明才．课程目标研究［M］．北京：教育科学出版社，2001：2.

标。其中，课程目标与教学目标联系最为紧密，也最容易混淆。虽然二者都是具体的并具有可操作性的，但是区别也很明显：课程目标是由教育行政部门或教育工作者完成，具有较强的方向性，而教学目标是由教师制定，更具灵活性和实用性，而且课程目标对教学目标的制定起到指导作用。例如，在教育技术学专业课程《教育传播学》中，课程目标是（1）阐释教育传播学的基本结构、基本概念和基本理论的体系；（2）运用教育传播理论与方法，分析和评价教育、教学过程，解决教育、教学中的问题；（3）把所学的教育传播理论应用于教育、教学实践中，并在自己感兴趣的范围内，继续从事教育传播理论的探究，为不断丰富和发展我国的教育传播学而努力。[1] 而教学目标则是详细的条例，是关于每一章教学要实现的目标，如第四章"教育传播通道和媒体"的教学目标为（1）说明传播通道的意义和构成要素；（2）说明教育传播通道的含义和构成……[2]

"课程目标有助于澄清课程编制者的意图，使各门课程不仅注意到学科的逻辑体系，而且还关注到教师的教与学生的学，关注到课程内容与社会需求的关系。"[3] 课程目标是课程设计的依据，制约着学科课程的设置、课程内容的构成、课程的评价以及学习的活动方式。[4] 因此，制定视觉素养课程目标是课程设计、学生发展的基础，也是本研究的基本问题。

---

① 南国农，李运林. 教育传播学 ［M］. 北京：高等教育出版社，2005：1.

② 南国农，李运林. 教育传播学 ［M］. 北京：高等教育出版社，2005：92.

③ 施良方. 课程理论 ［M］. 北京：教育科学出版社，1996：93.

④ 高孝传，杨宝山，刘明才. 课程目标研究 ［M］. 北京：教育科学出版社，2001：39.

2. 视觉素养课程内容

课程内容的选择和组织一直是课程研究的重要问题，课程内容不仅影响课程的价值取向，还影响教学效果。课程内容是教师"教什么"和学生"学什么"的根本问题，一般而言，课程内容的选择应该以课程目标的达成为依据，选择能够使学生行为改变的为课程内容；课程内容的组织是指被选择的内容的有序重组和结构化。① 对视觉素养课程内容的研究主要分为课程内容的选择和组织。

（1）视觉素养课程内容的选择

不同研究者对课程内容选择的依据提出不同观点，泰勒等目标模式研究者认为，课程内容的选择要以实现课程目标为依据，能够改变学生的行为；而斯滕豪斯等过程模式研究者则认为，课程内容的选择要以知识所含的价值为依据，选择能够使学生获得价值经验的内容。此外，还有很多研究者提出了关于内容选择的不同观点，但是总的来看，课程内容的选择主要依据三个方面：学科因素、学生因素和社会因素。"课程内容的选择问题，是课程设计过程中的一项基本的工作，它涉及课程问题的方方面面，是课程设计过程中的一项基本的工作，也是许多课程问题的集结点。"②

（2）视觉素养课程内容的组织

课程内容的组织，主要指将课程的内容进行序列化和系统化，主要涉及组织的原则和方式。从目前的研究来讲，课程内容的组织主要有四种：垂直组织、水平组织、综合化组织和心理化组织。课程垂直组织是指把课程内容按照难易程度、先后顺序等方式进行排列组织。目前大多数学科课程内容的组织都是按照这一方式进行的。课程内容的水平组织

---

① 彭寿清. 大学通识教育课程设计研究［D］. 重庆：西南大学，2006：26-27.
② 施良方. 课程理论［M］. 北京：教育科学出版社，2000：106.

主要是指将课程内容按照内容的相关度并置安排，例如相关课程。课程内容的综合化组织主要是指将课程内容的垂直、水平两个方面组合起来，这种方式不是简单的结合，而是按照人们预期的、设定的目标进行组织，例如核心课程。课程内容的心理化组织是指按照学生获得经验的心理过程组织课程内容，这种方式要求课程内容符合学生的经验，贴近学生生活，例如活动课程。在进行课程内容的组织时，根据课程的特征，参考以上几种课程内容组织方式，并依据一定的课程设计原则，从而使课程的实用性、价值性得到充分体现。

视觉素养课程内容的选择和组织，应当遵循课程内容和选择的一般方式和原则，分析视觉素养课程的特色，使视觉素养内容符合教育技术学本科生的专业需求、自身需求和社会需求，提升学生的综合能力。

3. 视觉素养课程设计评价

所谓课程设计评价，就是在设计的课程未实施之前展开的评价，其特点就在于它是对已经设计完毕却未实施的课程方案进行合理性及可行性检视或理论论证。① 它不同于课程评价（如过程评价、绩效评价等），主要体现在以下两方面：第一，从时间上讲，课程设计评价是在设计的课程实施之前进行评价，而课程评价是在课程实施过程中或课程实施之后进行的评价；第二，从功能上讲，课程设计评价主要是评价课程设计方案的完整性、合理性，以增强课程的可行性，而课程评价主要是对课程进行诊断、修订，从而进一步完善课程。课程设计评价应该分为前设性和后置性两个部分，前设性评价主要是针对所设计课程的合理性和可行性，后置性评价主要是针对所设计的课程在课程实施过程中可能出现的偏差或问题实施预测性"诊断"或理论论证，两者都是课程设计的

---

① 韩延伦. 大学生文化素质教育课程设计研究 [D]. 上海：华东师范大学，2003.

基本问题。①

4. 视觉素养课程实施方案设计

"课程实施是将编制好的课程计划付诸实践的过程，是实现预期的课程理想，达到预期课程目的，实现预期教育结果的手段。"② 课程实施有广义和狭义之分。广义上讲，"课程实施就是按照选定的课程设计和课程标准，利用选定的教材教具，将选定的知识经验传递给学生，让学生在掌握知识经验的过程中促进自身的发展，从而实现预期教育效果"③；狭义上讲，"课程实施就等同于一门具体课程的教学过程，在这个意义上，课程实施与教学过程基本上同义，课程实施就是按教学大纲设计并复制到教学活动之中"④。课程实施是验证课程设计效果的手段，是取得课程效果的必要环节。一个好的课程实施可以顺利实现课程目标，相反则极大地影响教学效果。在开展课程实施之前，设计课程实施的方案为教育者提供一定参考，有利于课程的实施并达到预期的教学效果。

① 韩延伦. 大学生文化素质教育课程设计研究［D］. 上海：华东师范大学，2003：18
② 季诚钧. 大学课程概论［M］. 上海：上海教育出版社，2007：98.
③ 季诚钧. 大学课程概论［M］. 上海：上海教育出版社，2007：98.
④ 季诚钧. 大学课程概论［M］. 上海：上海教育出版社，2007：99.

第五章

技术进化视域下视觉素养教育目标

视觉素养教育目标是决定教育方向的重要导向。教育目标的基本来源是学习者的需要、社会的需求与学科的特点①，因此视觉素养教育目标的确立要充分考虑学生特点、学科内容及社会需求的关系……特别是社会需求，更是当前应着重考虑的方面。② 这些因素决定了不同的教育对象在不同环境下所接触的视觉符号的类型，并关系着与之相对应的素养。在制定视觉素养教育目标之前，我们需要梳理国内外现有的视觉素养教育目标，从而为我们的视觉素养教育目标制定提供借鉴和参考，帮助我们更好地制定符合不同对象的视觉素养教育目标。

一、国内视觉素养教育目标

国内开设视觉素养课程的学校较少，以南京师范大学视觉素养课程为例进行分析。

南京师范大学的视觉素养课程旨在将素养培养与博雅理念相结合，既立足于信息时代、读图时代大学生的视觉素养与媒介素养培养，又体现在与博雅理念的结合，促使大学生在学习相关知识、提高能力的同

---

① 张华. 课程与教学论 [M]. 上海：上海教育出版社，2000：182.
② 高孝传，杨宝山，刘明才. 课程目标研究 [M]. 北京：教育科学出版社，2001：5.

时，提升自身广博、典雅的气质与内涵。具体的课程目标为：第一，使学生掌握媒介素养、视觉素养等相关知识，奠定基础；第二，使学生感悟生活中的建筑、陶俑、陶瓷等视觉对象所包含的内涵，透过现象看本质，了解历史的来龙去脉，提升视觉素养；第三，使学生掌握不同媒体的特点和作用，通过感受精神家园，唤醒文化自觉意识，了解媒介与文化的内在联系，提升媒介素养。

二、国外视觉素养教育目标

国外开展视觉素养教育也总是先确立教育目标，从而指导教育的开展和实施。下面选取国外的三个视觉素养教育案例作为分析对象。

（一）英国剑桥大学视觉素养教育目标

剑桥大学的视觉素养课程融入儿童文学研究中的"图画书（picture book）"中，因此视觉符号是儿童绘本中的图画。课程针对本科生开展，主要培养本科生分析、理解、判断绘本图画的能力，通过分析图画中的颜色、形状及运动状态等，确定图画书作者想表达的故事意义，并将绘本中的图画联系起来思考，进行前后比较、综合等，理解图画书的多层次意义以及对儿童的影响，提高儿童文学研究能力。

（二）美国圣约瑟夫大学视觉素养教育目标

美国圣约瑟夫大学的视觉素养课程针对师范生，将视觉素养教育融合到信息技术课程教学中，旨在培养师范生对 PPT 和网页的视觉设计能力，从而提升教学资源的可用性和有效性，为师范生走向教学岗位奠定坚实的基础。视觉素养课程目标具体体现为：第一，知道什么时候需要使用视觉资源以及如何使用视觉资源；第二，能够理解视觉资源的内涵；第三，掌握视觉设计的原则，并应用到教学资源的设计开发之中。

(三) 新西兰梅西大学视觉素养教育目标

新西兰梅西大学两门课程，一门是针对师范生的"学习视觉语言"，另一门是针对教师培训的"图像学习"。课程目标是扩展学生对图像文本的思考能力，并帮助他们在教学中利用图像辅助教学。图像内容主要是关于图画书、图表、移动图像等。

国内外视觉素养课程目标说明，目标的定位和制定受到以下因素影响：学生特点、学科特征与社会需求。针对不同的学生，视觉素养课程目标定位不同，尽管影响因素有多种，但是课程目标基本有两种偏向：素质教育和专业教育。例如南京师范大学的视觉素养博雅课程目标定位基于素质教育，以培养学生的全面发展为根本；而美国圣约瑟夫大学的视觉素养课程目标定位则属于专业教育，以适应工作需要为目的。视觉素养的两个层面是基本素养和专业素养，因此视觉素养课程的课程目标也分为基本目标和专业目标，这种划分影响视觉素养课程目标的定位与制定原则。

第一节 视觉素养教育目标的发展定位

视觉素养教育目标的发展定位应该注重培养学生的视觉能力、创造力和审美意识，以适应现代社会的需求和挑战。主要包含以下方面能力的培养。第一，感知和理解能力。旨在培养学生对于多种视觉信息的感知和理解能力，包括形状、颜色、纹理等元素的辨识和组织能力。学生需要通过训练来提高自己的观察力和分析能力，以更好地解读视觉作品。第二，创意表达能力。视觉素养教育应鼓励学生进行创意表达，激发他们的想象力和创造力。学生需要学习艺术语言和视觉规律，掌握绘画、摄影、设计等创作技巧，以及运用不同材料和媒介进行创意实践。第三，批判性思维、评价能力和审美能力。学生需要学会对于视觉作品进行评价和批判，发现其中的优点和不足，并提出自己的见解和建议。通过分析经典作品、参与评论和辩论活动，培养批判思维和审美能力。第四，跨学科整合和应用能力、视觉素养教育应与其他学科进行跨学科整合，促进多学科知识的融合和交流。学生应该将视觉素养与艺术、设计、科学等学科知识相结合，培养跨学科整合和应用能力，以促进他们的全面发展和创造力的提升。第五，文化意识和社会责任感。视觉素养教育还应该培养学生的文化意识和社会责任感，学生需要了解和尊重不同文化背景下的视觉表达方式，以及视觉艺术在社会中的作用和影响。他们需要将视觉素养运用于社会实践中，为社会发展和文化传承做出贡献。因此，视觉素养教育不仅是对基本能力的培养，还注重学生创造力和批判性思维、跨学科整合和应用能力的培养，并注重增强文化意识和社会责任感。这些目标能够使学生在现代社会中具备竞争力，并为他们的个人发展和社会进步做出积极贡献。

当以教育技术学本科生为教育对象时，在需求分析的基础上将视觉素养教育的目标定位在两方面。第一，视觉素养教育的基本目标以文化素质教育为方向；第二，视觉素养教育的专业目标以专业能力完善为目的。

一、视觉素养教育通识目标：以文化素质培养为导向

当"读图时代""视觉文化时代"逐渐被用来形容当前这个图像化的世界时，视觉素养于人们而言变得空前重要。在现代社会，一个缺乏文字能力的人被认为是文盲，而一个缺乏视觉素养的人也被认为是文盲。视觉符号是信息的载体，它由各种符号元素组合而成，是一种视觉

语言，只有掌握了视觉符号的阅读技巧，才能从中获取高度浓缩的信息。倡导视觉素养教育已是应然之举，已有的视觉素养教育主要是培养学习者应对图像阅读的各种能力，尽管这是视觉素养教育的根基，然而视觉素养教育的终极目的不止如此，它不仅仅是能力的培养，更是"人性美善的根植，是意义生存的标的，是生命精神的升华，这不是要抛却感性的快乐，不是放弃形象的适意，而是追求生命自身的和谐生存，是彰显人为的意义所在，能力的拥有不是目的，而是完美人生的手段。"① 因此，教育技术学本科视觉素养教育契合文化素质教育的方向，是文化素质教育的体现。文化素质教育是针对我国高校长期以来文理分明、模式单一、专业过窄的情况而提出的，也是当前大学教育中必不可少的部分。教育部对大学文化素质教育是这样描述的：大学生文化素质教育是通过对大学生加强文学、历史、哲学、艺术等人文科学以及自然科学方面的教育，以全面提高大学生的文化品位、审美情趣、人文素养和科学素质，它的核心是文史哲基础教育、基本理论的教育、艺术修养的教育、国内外优秀文化成果的教育。② 教育技术学本科视觉素养教育的基本目标以文化素质教育为方向，主要体现在以下方面。

（一）符号能指——发展敏锐的观察能力

视觉符号的能指是可见的、具体的，它由一定的元素构成，例如形状、颜色、运动等。当这些元素构成视觉符号时，便成为一种语言。将构成理解为语言的组织主要因为"构成"是有意识地排列某种物品，构成的原点即带有一定的意志，放置物品。③ 从构成发生的观点来看，构成就是因为某种目的而对一定的材料进行组合。构成必须满足以下三

---

① 刘桂荣，闫树涛. 视觉素养的哲学文化根基［J］. 山西师大学报（社会科学版），2007（5）：18-22.

② 王明华. 大学文化素质教育论［M］. 哈尔滨：黑龙江教育出版社，2007：37.

③ 南云治嘉. 视觉表现［M］. 黄雷鸣，等译. 北京：中国青年出版社，2004.14.

个条件：（1）构成必定带有某种目的性；（2）必须有构成元素；（3）要有一定的构成技术。① 满足了构成的三个条件，便有了构成的视觉符号。视觉符号的能指由许多元素构成，当眼睛看到视觉符号时，便向大脑发射信号，只有视觉符号经由大脑处理，这些符号才能被观察到，否则人们对这些视觉符号"视而不见"，正如人们经常所说的"看不等于看见"。通过视觉素养教育，教育技术学本科生可以发展对符号能指的观察能力，区分视觉符号的构成元素，了解符号元素之间的关系，从而提高敏锐、细致的观察能力，有助于理解符号的意义。

（二）符号对象——发展丰富的联想能力

符号是用甲事物代表乙事物来传达某个讯息，这里甲事物自然不是乙事物的本身。② 亚里士多德曾说"口语是内心经验的符号，文字是口语的符号"。皮尔斯使用符号的对象表示符号所代表的那个客观事物。然而，符号对象不是某一特定的事物，而是对事物的综合描述。例如当我们看到一张小狗的照片，我们会搜索头脑中的认知图式，但是我们搜索到的不是某一只狗，而是对狗这种动物的特征的概括，即对"狗"这个概念的表述，有时大脑会同时搜索与此概念相关的概念进行对比。对符号对象的认知可以帮助发展丰富的联想能力，综合概括对象的特征，帮助建立能指与所指之间的联系。

（三）符号所指——发展创新的思维能力

符号总是传递着意义，即符号的所指。视觉符号经过对能指和对象的认识之后，需要对视觉符号所指进行处理和解析。观看者解析视觉符号的所指时由两个因素决定，一是我们过去看到什么，二是我们心里想

---

① 南云治嘉. 视觉表现 ［M］. 黄雷鸣，等译. 北京：中国青年出版社，2004：14.
② 陈宗明. 符号世界 ［M］. 武汉：湖北人民出版社，2004：2.

看到什么。① 学生采集到视觉符号之后，将信号传递给大脑，并对视觉符号进行译码，与先前已有的知识进行联系，经过分析、综合、存储等过程，了解视觉符号欲传达的内涵，在此过程中逐渐解读视觉符号的所指。理解符号的所指是解读符号的核心和关键，如果只看到符号的能指和对象，这种对符号的理解是肤浅的。对符号所指的理解需要大脑借助以往的视觉体验进行分析理解，而不是简单的一步到位，视觉经验越丰富，对视觉符号所指的理解越深刻。美国纽约大学神经科学家约瑟夫·勒杜克斯（Joseph LeDoux）指出，人们的认知40%是自然感受的，60%则是通过分析获得的。② 对视觉符号所指也是通过分析获得，这种分析可以帮助观看者逐渐发展各种思维能力，并不断创新。阿恩海姆认为视觉观看是具有创造性的，他认为"一切知觉中都包含着思维，一切推理中都包含着直觉，一切观测中都包含着创造"③。对所指的理解不仅是对视觉符号的接受，也包含着对视觉符号的思考，这种思考是丰富的、具有想象力和创造力的。学习者通过理解符号的所指，建构符号的内涵，更长久地记住这个视觉形象，并有利于提升创新思维能力。

（四）符号解构——发展视觉的审美能力

我国著名科学家钱学森说过："一个具有科学创新能力的人不但要有科学知识，还要有文化艺术修养。"④ 视觉素养教育"要求我们从图像的纯视觉要素及其结构中读取信息并由此进入审美层次"⑤。相对文字而言，视觉符号最明显的特征便是它的色彩、形状等外部形式，它们不仅是传递信息的手段，还给受众带来审美经验，使视觉符号在传播过

① 莱斯特. 视觉传播：形象载动信息 [M]. 北京：北京广播学院出版社，2003：59.
② 任悦. 视觉传播概论 [M]. 北京：中国人民大学出版社，2008：52.
③ 阿恩海姆. 艺术与视知觉 [M]. 滕守尧，译. 成都：四川人民出版社，1998：5.
④ 王明华. 大学文化素质教育论 [M]. 哈尔滨：黑龙江教育出版社，2007：81.
⑤ 胡绍宗. 人文素质中视觉素养的教育 [J]. 艺术教育，2006（10）44-45.

程中更具吸引力,激发观众的情感认知。审美经验是指"人们欣赏着美的自然、艺术品和其他人类产品时,所产生出的一种愉快的心理体验。这种心理体验是人的内心生活与审美对象之间交流或互相作用后的结果"①。审美经验产生于交流传播过程之中,"如果观者能从视觉元素中获得美的感受,则有利于视觉信息的传播"②。视觉素养教育帮助学生掌握综合分析符号的方法和技能,使他们在交流的过程中获得美的感受、发展审美能力、提高视觉交流能力,从而提升自身的文化素质。

二、视觉素养教育专业目标:以专业能力完善为目的

视觉素养教育的专业目标主要是培养教育技术本科生开发视觉教育信息的能力,它不以人文素质教育为方向,而是倾向于发展学生的专业能力,为他们将来的职业发展奠定基础。视觉教育信息的开发能力是他们专业能力结构中的重要构成部分,例如李龙提出"媒体(资源)开发、应用能力是教育技术人才的高层专业能力"。但是媒体资源开发能力是一个宽泛而笼统的概念,无法在制定课程目标时提供具有可操作性的指导。划分视觉教育信息的种类,弥补教育技术学专业在视觉教育方面的空缺是视觉素养教育的另一主要目的。教育技术学本科课程设置中已包括摄影与摄像技术、教育电视、多媒体技术及应用等必修课程,这些课程被划分在技术类课程中,其目的是帮助学习者掌握摄影、电视制作等方面的技术技能,从而提升多媒体开发的能力。然而,除了图像、视频等视觉教学信息外,各种图表也是重要的教学信息,例如思维导图、概念图以及流程图等各种示意图。图表是一种视觉语言,它主要通过线条、图形和文字来传达意义,辅助学习者对文字的理解。对图表的

---

① 滕守尧. 审美心理描述 [M]. 成都:四川人民出版社,1998:6.
② 任悦. 视觉传播概论 [M]. 北京:中国人民大学出版社,2008:134.

设计与开发不仅需要设计者具备一定的审美能力，更需要他们具备高度的概括总结能力以及视觉思维能力，因为设计者首先要提炼出文字内容的关键要素，然后辨析它们之间的关系，最后利用合适的线条和图形将各种要素建立关联。然而图表的设计与开发能力是教育技术学专业所忽略的一种能力，因此本研究中的视觉素养课程的专业目标主要是培养教育技术学本科生利用知识可视化的方法将知识的所指以能指的形式呈现，增强他们创造出的教学资源的可用性，提升知识可视化的意识与能力，完善他们的能力结构。

第二节 视觉素养教育目标的制定原则

一个完整的教育目标的表征，不仅有层次性，而且还有全面性。[①]教育目标的全面性指从宏观的角度表征课程目标，课程的层次性则是从微观的角度具体描述课程目标。教育目标在宏观上体现为与课程的培养目标有关，它是抽象的和原则性的；在微观上体现为与课程的教学目标有关，它是具体的和可操作的。[②] 本研究中的视觉素养教育以教育技术学本科生为教学对象，教育目标的制定也要同时具备全面性和层次性，分别从宏观和微观两个层面入手。从宏观上讲，教育目标的确立"主要是解决学校教育目的、社会要求、学生的发展三者之间的关系处理问题"[③]。从微观上讲，教育目标的制定要遵循课堂教学的规律，应根据

---

① 韩延伦. 大学生文化素质教育课程设计研究［D］. 上海：华东师范大学，2003：58.
② 张倩苇. 教育技术学视野中的技术与课程发展研究［D］. 广州：华南师范大学，2007：74.
③ 韩延明. 高校文化素质教育课程设计研究［M］. 青岛：中国海洋大学出版社，2005.

教学情况划分为不同的类型和层次。

一、视觉素养教育目标制定的宏观原则

视觉素养教育目标的基本来源是学习者的需求、当代社会生活的需求、学科的发展，其目标制定要以满足学习者、社会和学科的需求为出发点，从宏观上把握课程的发展方向。视觉素养教育目标不但要从学习者、社会和学科的需求中发展而来，还要回到学习者、社会和学科的发展中去。因此宏观原则主要体现为符合学科专业发展、适应社会现实需求、促进学生全面成长。

（一）符合学科发展方向，完善专业能力结构

"教育技术学是研究在教育中运用相关的技术来提高绩效的理论、规律和方法的一门学科。"[①] 教育技术学专业具有双重定位：教育定位和技术定位，它需要本专业的人才既掌握学习、教学、传播等基础理论，又具备开发、设计教育资源和过程的技术能力。但是"随着物质、文化水平的不断提高，人们对教育资源的要求也不断提高，已不满足于简单的有教育资源的层次，希望呈现的资源具有艺术性，甚至于成为艺术品，给学习者以赏心悦目之感，以艺术的感染和熏陶，教育技术的内涵维度相应拓宽到理论、技术和艺术维度"[②]。桑新民教授也认为"教育技术必须有教育理论基础、技术基础、艺术基础这三大基础支撑"[③]。因此，教育技术学专业的双重定位也应扩展到三重定位：教育、技术和艺术。无论是教育技术学的双重定位还是三重定位，教育技术追求的目

---

① 李龙. 教育技术领域·学科·专业 [J]. 中国电化教育，2005（12）：5-10.

② 陈琳. 教育技术学本科专业人才培养模式创新研究 [J]. 中国电化教育，2010（10）：21-28.

③ 张军征，刘志华. 教育技术学专业本科教育定位的探讨 [J]. 电化教育研究，2005（10）：33-36.

标始终如一，即"重在绩效"，通过现代化技术手段和方式优化教育和教学的效益。课程是实现学科人才培养、促进学科发展的工具和途径，因此教育目标一定要符合学科发展方向。视觉素养教育是兼具通识性和专业性的教育，既能从艺术方面对教育技术学科的发展起到支撑作用，又能从绩效方面对教学效果的提高起到促进作用。因此，视觉素养教育目标的制定需要从具体方面符合学科发展，既要培养学生的艺术素养，又要重视学生对视觉教育信息的设计开发以及视觉教学方式的应用能力，从而使他们的专业能力结构得到发展和完善。

（二）适应社会现实需求，提升可持续性发展

大学生不仅生活在学校中，更是生活在社会之中。当代社会生活如此复杂且又持续变化着，经济的全球化使社会不仅是生存的环境，更是竞争的环境。生活在这个环境中的大学生必须融入社会，适应社会环境，担当起推动社会发展的重任。对大学教育而言，培养大学生的专业能力仅是它们的职责之一，培养大学生适应社会需求和发展的能力也是义不容辞的责任。社会需求既包含社会生活的现实需求，又包含社会发展变迁的需求，例如信息化时代的发展要求社会人具备信息素养，而读图时代的到来则要求社会人具备视觉素养。社会发展与时代变迁对大学生提出更高的全方位要求，他们不能是被动地适应社会变化和需求，而应该主动地去探索与适应社会，将自身发展与社会发展看作一个互相推动的过程，保持与时俱进。联合国教科文组织在《学会生存》中提出："现在，教育在历史上第一次为一个尚未存在的社会培养着新人。有些社会已在开始拒绝制度化教育所产生的结果，这在历史上也是第一次。"[①] 教育对人才的培养不再是仅仅满足社会需要，而是适应和改变

---

① 联合国教科文组织国际教育发展委员会. 学会生存 [M]. 北京：教育科学出版社，1996：36-37.

社会，促进社会和人的可持续性发展。视觉素养教育目标的制定也要适应社会需求。因此，教育技术学本科视觉素养教育目标不仅要充分考虑如何适应当前社会现实需求，还要考虑社会的可持续性发展，使学生通过视觉素养教育尽可能多地了解社会和世界，提高自身的适应能力并保持可持续性发展。

（三）突出学生个性培养，促进学生全面发展

本科教育不仅要培养本科生的学科专业技能，还要重视学生个性的培养、能力的提升和品格的塑造，促进他们的全面发展。人本主义心理学家认为，"每个学生具有的独立的不同于他人的个性，在他的认知过程中有着非常重要的意义，具体到课程教育，不同的学生所具有的先天禀赋和发展的潜质是不同的，教育对学生发展的促进应该建立在发现并尊重其潜质的基础之上，并与社会发展的多样化要求相统一"①。因此，教育者应当将传授知识、培养能力与提高素质融合到大学教育中、融合到课程教学中，依据大学生自身的特点将他们培养成具有创新能力、开拓能力，有知识有文化且具备高度社会责任感的有个性的高素质人才。对教育技术学本科教育而言，亦是如此。教育技术本科教育"要适应社会经济发展对人才的需求，适应科学与技术呈现加速发展及综合化的态势，适应大众化高等教育阶段对人才培养要求的多样性，同时还要适应个体自我发展的需求"。因此，教育技术学专业在进行专业教育的同时还需要注重通识教育，将专业教育与通识教育相结合，使学生的技术能力、文化素质、人文精神、科学及创新精神得到全面提升，"以人的全面发展、个性发展的协调统一，社会的可持续发展为根本目的"②。

---

① 张勤. 中国基础教育体育课程内容设计研究 [D]. 福州：福建师范大学，2004：63.

② 沙景荣，王林，黄荣怀. 我国教育技术学本科专业规范研究的导向作用 [J]. 中国电化教育，2004（9）：22-25.

为了实现教育技术本科生的培养目标，教育技术学专业规范研究提出了指导思想，即"坚持分类发展的原则，鼓励各类学校根据自身特点适当调整教学内容，给高等院校留下足够的发展空间"①。在高校，课程是培养学生个性发展的通道，只有学生的个性得到充分自由的发展，他们才有可能实现全面的发展。"课程设计的出发点是人，课程设计的终极目标是发展，以人的发展促进经济的发展和社会的发展，人的发展是一切发展的基础"②，但是当前"我国课程设计的最大缺憾就是对学生个性发展的忽视"③。视觉素养教育努力弥补课程设计的缺憾，以学生的个性培养和全面发展为目标。视觉素养教育既包含通识教育的特色，又在一定程度上弥补专业教育的不足，是一门综合性课程，它不是为了传递某方面的知识，而是帮助学生发现问题、解决问题，提升他们自主探究、组织合作、交流创造等多方面的意识和能力。因此，视觉素养教育目标的制定不但要遵循视觉素养教育目的，更是要分析学生的特征和需求，既突出他们的个性培养，使他们具有独立的思想和独到的见解，又注重他们的全面发展，使其成长为符合社会需要的有知识、有能力的德才兼备之才。

二、视觉素养教育目标制定的微观原则

教育目标的制定不但要符合大的发展方向，还要从具体方面为教学实施提供参考和指导。视觉素养教育目标制定的微观原则要以教育技术学本科生视觉素养的内涵为基础，开展针对性强的理论与实践分析。制

---

① 沙景荣，王林，黄荣怀. 我国教育技术学本科专业规范研究的导向作用 [J]. 中国电化教育，2004（9）：22-25.
② 王玉. 新时代背景下的课程设计取向 [J]. 教育探索，2010（2）：53-54.
③ 韩延明. 高校文化素质教育课程设计研究 [M]. 青岛：中国海洋大学出版社，2005：51.

定教育技术学本科生的视觉素养目标要满足他们的需要，符合他们的成长和发展。符号构成了教育技术学本科生的学习和生活环境，实现对符号的各种处理能力、方法和意识等的提升也是视觉素养课程教学的目的。基于此，教育目标的制定不能脱离符号学的指导以及对符号的解析。第四章在对教育技术学本科生视觉素养内涵解析中，将视觉素养划分为两个维度，视觉维度和素养维度，视觉维度的确立依据符号的分类，素养维度的确立依据符号的构成，符号分类和符号构成影响视觉素养的广度和深度，是学生发展视觉素养的关键以及评价视觉素养的标准。因此，制定视觉素养教育目标依据符号的分类和构成，划分不同的标准和层次。

（一）依据符号分类，划分不同标准

学生接触的视觉符号形式多样，这些符号主要来源于课堂环境和课外环境，尤其是课外环境对学生的影响颇大。符号是学生获取信息、了解社会、了解世界的主要渠道之一。对视觉符号的划分标准有很多，本研究主要以视觉符号呈现的技术媒介和表现形式为切入点。从技术媒介角度，主要有电视、电影、网络、手机、杂志、报纸、书籍等；从呈现形式角度，主要有电视剧、电影、新闻、娱乐、广告、图片等。两个角度分别从横向和纵向两个方面阐释了符号的特征，横向和纵向交融后的符号分类更加复杂和多样，例如广告可以分为电视广告、杂志广告、报纸广告、网络广告、墙体广告等；新闻可以分为电视新闻、网络新闻、报纸新闻等。问卷调查附录1列出了视觉符号的主要类型。无论视觉符号是静态的还是动态的，是电子的还是纸质的，对它们的加工都要始于外在的形态（如色彩、形状、运动、构成元素、相互关系等），然后分析视觉符号是什么、想要表达什么、为什么要这样表达等，最后形成自己的思想和见解以及价值判断。如何解析视觉符号、解析的程度高低、学生的情感取向都是学生视觉素养的直接或间接反映。由于视觉符号的特点不同，所以它们被加工的方式和程度也存在一定差异，例如对杂志广告的阅读与艺术图片的赏析存在差异，带来的美的体验不同，因此不同的视觉符号对应不同程度的视觉素养。尽管如此，对视觉符号的解读依然要遵循眼睛和大脑对视觉信息的基本加工过程：感觉、选择、理解、评判，依然要思考加工视觉符号的基本问题："视觉符号中包含什么？视觉符号是什么？视觉符号传达了什么？视觉符号为什么这样传达？"对每个问题的思考和解决都是一种能力的体现，这些能力主要是观察能力、选择能力、理解能力以及价值判断能力。因此，依据符号的分类，视觉素养课程目标的制定从能力方面划分为不同类型，这是视觉素养课程基本目标的部分，它能够指导基础阶段的视觉素养课程。在教学实施过程中，教育者在此基础上可以弹性控制视觉素养的教学目标。

（二）依据符号构成，划分不同层次

符号的构成包含能指、对象和所指。学生解读视觉符号始于能指，却不止于所指，当他们获得符号的意义时，会形成自身的价值判断，并会在一定程度上影响自己的行为变化。因此，对符号的加工不仅仅是停留在观看阶段，"观看"只是视觉素养的一部分，学生的视觉素养还体现在行为的变化、情感的变化等方面。布鲁姆对教育目标进行了分类，主要分为认知领域、情感领域和动作技能领域三方面。动作技能主要偏重于肌肉的活动技能等，为一些技术、体力训练提供参考，而在视觉素养教育中，主要体现为行为的变化。基于布鲁姆的教育目标分类，对视觉素养课程目标划分不同的层次，即情感层、认知层和行为层。

情感层主要注重学生情绪的变化，对视觉符号的喜好。"情感目标也是各不相同的，从简单的对所选择的现象的注意，到复杂的而又内在一致的性格和良心。我们发现，在文献中，这类目标有许多是用兴趣、态度、欣赏、价值观和情绪意向或倾向这类术语来表示的。"①

认知层"注重记忆或再现某些可能已经学得的内容的目标，以及含有解决某些理智任务的目标，这种理智任务要求个体必须先确定实质性的问题，然后对特定的材料加以重新排列，或把它与以往已习得的观念、方法或程序结合起来"。"认知分为知识、理解、运用、分析、综合、评价。"

行为层主要体现为学生在接受视觉素养教育后产生的行为变化，例如他们主动地去深入加工视觉符号，将视觉符号用于学习和交流等。对视觉素养教育的专业层面，行为层还体现为学习者对视觉符号的设计和创造，开发视觉教育资源。

第三节　视觉素养教育目标的制定步骤

视觉素养教育目标的制定步骤包含以下四个方面：

（一）确定视觉素养教育的目的

教育目的是课程的终极目标，体现了教育的价值观。视觉素养课程为了实现视觉素养教育的目的。视觉素养教育是为了提升学习者的视觉素养，主要包含学习者在读图时代对泛滥的视觉信息的选择、理解、判断和应用的能力；学习者观赏视觉信息时的自觉意识、文化素养和艺术素养。

---

① 克拉斯沃尔，布鲁姆. 教育目标分类学：第二分册 情感领域［M］. 施良方，张云高，译. 上海：华东师范大学出版社，1989：5.

（二）确定视觉素养教育的对象

视觉素养教育的对象不同，对他们的视觉素养要求也不同。例如小学生的视觉素养课程目标与大学生的视觉素养课程目标迥然相异，针对美术专业的学生与针对数学专业的学生的视觉素养课程目标也大相径庭。因此，对视觉素养教育对象的分析很重要。

（三）确定视觉素养教育目标的基本来源

教育目标的来源为课程目标制定的宏观原则提供了方向和指导。分析教育目标的三个来源（学习者的需要、当代社会的需要和学科的发展）并梳理三者之间的关系，从而确立课程设计的基点，这一步是教育目标制定的关键。

（四）确定视觉素养教育目标的基本取向

教育目标主要体现在学生知识的变化、能力的变化、行为的变化还是综合的变化？这是教育目标设计的微观层面考虑的问题，为具体的教学目标提供参考，为教学目标的具体选择和陈述奠定基础。

（五）确定视觉素养教育目标

在确定视觉素养教育目的、视觉素养教育对象、视觉素养课程目标的基本来源和基本取向之后，教育目标的基本内容也确立下来了，基于此可以进一步明确具体的教育目标，为教育内容的选择和组织提供指导。

第四节 视觉素养教育目标的层级结构

基于以上的教育目标定位、制定原则和制定步骤，将教育技术学本科视觉素养教育目标划分为以下方面。

一、视觉素养教育的总体目标

基础层面的总体目标有：（1）掌握视觉符号的基础知识，包括视觉符号的构成元素（色彩、形状等）、在传播过程中的作用等；（2）运用各种思维观察、分析视觉符号，把握阅读各种视觉符号的方法技能，并提升对某些视觉符号的创作能力；（3）能够将视觉符号应用于人际传播之中，促进交流；（4）通过对视觉符号阅读和创作来发展创新思维、创新意识并提升对视觉符号的审美层次和人文素质。

专业层面的总体目标有：（1）掌握各种知识可视化的类型，理解可视化符号的基本语法、语词等；（2）能够依据各种知识的特点进行可视化，创造知识可视化符号；（3）能够在不同的情况下应用合适的可视化类型，提升知识传播的效率和效果。

二、视觉素养教育的具体目标

第一，基础层面的具体目标从情感、认知和行为三个方面阐述。

情感方面的目标是基于学生对视觉符号最直接的反应，分为视觉注意和视觉反应。（1）视觉注意，培养学生积极地关注各种图像、视频的注意力，特别是将视觉符号的构成元素与情感建立关联；（2）视觉反应，培养学生对各种视觉符号（如广告图片、新闻图片、电视画面等）的敏锐的观察与反应能力，对视觉符号的类型、功能等做出合理判断。

认知方面的目标基于学生对视觉符号的理解与内化过程，分为内容分析、意义理解和价值判断。（1）内容分析主要是培养学生分析视觉符号所代表的对象的抽象概念是什么的能力；（2）意义理解主要是培养学生从社会角度、文化角度等方面获取视觉符号传递的多层次意义的能力;(3)价值判断主要是培养学生从更深的层次思考和判断创作者的出发点、目的等内容的能力。

行为方面的目标是在学生在情感和认知之后,行为方式和能力方面的变化,分为创造视觉符号和分享视觉符号。(1)创造视觉符号是指培养学生应用现代媒体设备如相机、摄像机等进行创作的能力,在创作过程中不仅要体现技术的应用,更要体现视觉意义、视觉审美等;(2)分享视觉符号是指培养学生利用视觉符号促进人际交流与传播的能力。

第二,专业层面的具体目标也是从情感、认知和行为三个方面阐述。

情感方面的目标是培养学生对视觉表征符号的阅读与创作意识和态度,特别是将视觉符号应用于传播中的意识,因此称之为视觉意识。

认知方面的目标主要是对视觉表征理论和视觉表征符号的理解和认知,包含知识、分析和组织。(1)视觉表征的知识主要是要求学生掌握什么是视觉表征、为什么进行视觉表征、视觉表征的类型等基础知识。(2)视觉表征的分析能够培养学生提炼内容,并使用与内容要点相对应的图形图像的能力。(3)视觉表征的组织是将提炼出来的内容进行组织,按照已有的文字内容,简洁、恰当地表征内容。

行为方面的目标体现在学生对视觉表征的应用方面,使学生在知识传播过程中对视觉符号进行主动应用,帮助传播知识、观点等。

综合分析教育技术学本科"视觉素养"课程目标,将其以表格的形式呈现,如表5-2所示。事实证明,在图文辅助下,知识更容易被传播和接受。

表 5-2　教育技术学本科视觉素养教育目标

	总体目标	具体目标	
通识层面	1. 掌握视觉符号的基础知识 2. 把握阅读和创作视觉符号的技能 3. 将视觉符号应用于交流传播 4. 提升审美与人文素质	情感	视觉注意 视觉反应
		认知	内容分析 意义理解 价值判断
		行为	创造 分享
专业层面	1. 掌握视觉表征的各种类型 2. 根据需要创作视觉表征的符号 3. 灵活运用合适的视觉表征类型	情感	视觉表征的意识
		认知	视觉表征的知识 视觉表征的分析 视觉表征的组织
		行为	视觉表征的应用

第六章

技术进化视域下视觉素养教育内容

　　视觉素养教育的内容涵盖了艺术与设计基础知识、视觉文化和历史、视觉分析与批判性思维、视觉创造和实践能力、数字化视觉素养、跨学科综合能力、视觉沟通和协作能力以及视觉伦理和文化意识等方面。这些内容的综合培养可以促进学生的审美能力、创造思维能力、批判性思维能力和跨学科综合能力的全面提升，使他们在现代社会中更好地适应和应对挑战。

　　要注意的是，视觉素养教育的内容可以根据不同的教育阶段和教育目标进行调整和拓展。在具体实施中，教师可以根据学生的年龄特点和课程要求，有针对性地设计教学活动和任务，培养学生的视觉素养。此外，视觉素养教育还需要与其他学科和实际生活相结合，使学生能够将所学的知识和技能应用到实际情境中，提高实践能力和综合运用能力。在视觉素养教育实施过程中，视觉素养教育目标决定学生发展的目的和标准，视觉素养教育内容则是帮助学生实现教育目标的媒介。教育内容的选择和组织是视觉素养教育的有机构成，占据重要地位，而且教育内容的选择和组织又存在一定的内在统一性。

第一节 媒介融合时代视觉素养教育的内容模型

开展视觉素养教育是时代的发展需求，南京师范大学以学科专业特色为支撑，以传统文化为主题，已经实际践行并验证了视觉素养教育的价值性，但是如何将视觉素养教育推广普及并发展为面向大众的素养教育需要进一步深入研究。基于南京师范大学视觉素养教育的主题内容，从知识融合、认知能力和价值意识三个维度构建视觉素养教育的内容模型（如图 6-1 所示），以推动视觉素养教育实践的真正落地。

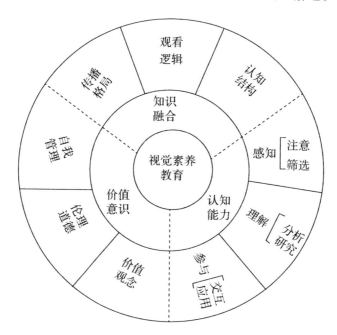

图 6-1 视觉素养教育内容模型

一、视觉素养教育的知识融合

对于素养教育而言，实践过程完全可以从知识结构的构建开始，在知识与思维的双重协奏中，素养得以生成。① 视觉素养教育作为技术发展、媒介融合等催生的时代产物，其知识学习要超越传统视域下视觉资源认知、媒介形态理解、信息工具使用等内容，借助融合思维在新的技术范式中融合传播格局、观看逻辑和认知结构等知识，从而厘清技术、视觉、媒介、信息与人的关系联结的本质属性以及各种角色社会职责的重新定位。

（1）技术升级背景下信息传播格局转换的知识融合。传播构造是一种自上而下的串联模式，人在传播中的角色、人与媒介的关系、媒介的本体形态、信息的表现形式等都已颠覆原有理念。受众需要在技术逻辑下理性感知传播模式的变革，例如了解人工智能、大数据、5G 等技术对传播范式的作用机理与现实影响；掌握基于算法的信息生产机制、信息推荐机制与信息分发机制等；理解视觉技术（如视频直播技术、VR 技术）重塑媒体形态和信息形式的现状和内涵等。只有掌握技术与传播的深度关联的知识，才能更好地理解媒介融合的原理，以及视觉、媒介、信息与人的有机关系，从而帮助受众提升信息加工的能力。（2）技术传播视域下观看逻辑转变的知识融合。人类在媒体上的信息加工很大程度上依赖于视觉，随着全视机器的出现，观看方式已经潜移默化地发生改变。观看不再是基于眼睛的自然观视，而是逐渐转向人机融合的技术观视，换言之，观看由自然逻辑转向技术逻辑。于是，观看的主体与客体也失去明确的界限，人们在观看的同时也处于被观看甚至被监视

---

① 冯友梅，颜士刚，李艺. 从知识到素养：聚焦知识的整体人培养何以可能［J］. 电化教育研究，2021，42（2）：5-10，24.

的境地。特别是在全民短视频的时代，人们对视觉信息的依赖程度达到空前的高度，甚至陷入其中无法自拔。因此，面对观看逻辑的转变，受众需要理解观看逻辑的特点、观看的生理与心理机制以及影响观看的技术动因、心智要素、社会制约等。了解视觉信息依赖的成因与解决方法，从而帮助我们借助视觉技术和视觉信息生成有效知识，避免被视觉化奴役。（3）技术思维逻辑下认知结构变化的知识融合。随着碎片化、视频化阅读的普遍化，基于算法的个性化推荐的常态化，人们的信息加工过程发生微妙变化，尤其是人们的专注力衰减、深度思考消解、过度视觉中心化等解放了人的记忆、认知与体验等能力，带来了网络成瘾、认知固化、认识闭塞等行为问题。因此，分析总结媒介技术背景下认知结构的特点、问题和成因，将有助于我们更好地认识自身信息加工存在的缺陷，避免在信息洪流中迷失方向。

总之，以视觉为中心的多种媒介融合时代，视觉素养教育通过跨学科、跨领域的多维融合性知识，帮助人们感知当今媒介形态变化、传播模式更迭以及认知结构变化的特点与问题，进而深入理解技术视域下的信息加工机制，避免"信息茧房"陷阱以及网络传播的负效应。

二、视觉素养教育的认知能力

认知心理学认为认知就是信息加工，是对信息进行判断、筛选、分类、排序、分析、研究和组织等一系列的思维过程，目的是对信息去粗取精、去伪存真。媒介融合时代也是信息爆炸时代，人们处于一个信息海量庞杂的高度人工化的复杂环境中，由于人的认知具有有限理性的特性，信息从变动速率和方向两个方面同时推高了认知的不确定性，从而对受众的认知能力提出更高的要求。因此，人们的认知能力应与媒介传播的环境同步发展，提升受众在复杂媒介传播环境下的认知能力。基于媒介融合背景下传播格局的变化、人的认知发展要求以及信息加工过程要素，视觉素养教育中的认知能力应包括感知能力、理解能力和参与能力。

所谓感知是意识对内外界信息的觉察、感觉、注意、知觉的一系列过程。在认知科学中，感知被看作是一组程序，包括获取信息、理解信息、筛选信息、组织信息。从人的感知本能看，在未经专门训练的情况下，人对外界事物的注意与信息的处理往往会自然地集中于单一的感知目标上。但是信息的泛滥以及媒介传播形式的多元造成人的注意力过度分散，人的本能的深度注意力日趋退化，随之而来的是人在复杂媒介传播环境中认知能力的下降。过度注意使人的视觉焦点在多个注意力间不停跳转，偏好多重信息流，追求强刺激水平，对单调沉闷的忍耐性低。这种注意力在媒介技术发达、视觉信息丰富的环境下表现明显。由于视觉信息在信息加工中具有优先性，在抖音、快手盛行的全民短视频时代，人们很容易沉迷于视觉信息洪流带来的感官刺激并失去理智。怀特海认为"理智的自由来自选择"①，在信息海洋中筛选出需要的信息是人们面临的新挑战。既要排除诸多无关信息的干扰，又要避免误入算法推送信息的"茧房"，还要分辨出失真、失效甚至隐私信息。这无疑需要受众提升相关知识水平、完善知识结构，从而加强信息加工的感知能力。

理解是在感知的基础上对信息的进一步加工，将其转化为知识的一种认知过程，主要功能是人脑对外在环境中的事物进行深入的分析与研究，从而形成对事物本质的认识，就是通常所说的知其然，又知其所以

---

① 怀特海. 思维方式 [M]. 黄龙保，卢晓华，王晓琳，译. 天津：天津教育出版社，1989：9.

然。理解能力是一种领会、把握经验，重组经验，以达到对理智的控制能力。[①] 由于人类大脑与生俱来的认知缺陷，在复杂媒介传播环境中信息具有深度不确定性，人类很容易由于理解上的偏差而产生认知偏见，产生习惯性怀疑或随意性盲从。在当今"后真相时代"，媒体讯息很容易被嵌入意识形态、价值观、刻板印象、个人偏见等主观附加内容，而且大多数媒体信息被建构用来获取利益和权利。个别媒体或个人受利益所驱而歪曲或捏造事实，提供错误的价值导向，这将误导受众的决策判断，甚至危害社会和谐稳定。由此可见，理解力不应局限于简单的批判和思考，更关键的是要学习和掌握复杂媒介传播环境中理性、深入的思想、方法以及工具，从而帮助受众有效地判断与评估传播信息的真实性、价值性、倾向性等，并保持思维的独立性、开放性以及立场。

参与是新媒介场景中的显著特征，也是有别于传统媒体偏重于认知的方面。个人对媒介的使用转移到使用媒介参与社会实践的层面，互动成为复杂社会网络中显著的媒介文化构成。然而参与能力不是传统意义上的创造信息、传播信息的能力，而是在感知、理解并把握信息本质的基础上，通过互动和应用重构人与人、人与信息、人与媒介乃至人与社会的逻辑关系的发展能力。

三、视觉素养教育的价值意识

价值意识是人脑含有价值信息的活动，对信息的好、坏、应当、不应当等进行判断和内化，大致分为价值知识、价值观念、价值理想和价值智慧四种形式。媒介技术的发展集合了社会价值观、国家意识和公众对待技术的态度，包含着重要的价值维度，影响着人的价值意识。因

[①] 陈文敏，林克勤．"视界是屏的"：技术化观视的演进理路与视知觉体认［J］．编辑之友，2021（4）：67-74．

此，面对负载海量价值观的信息洪流，人们的价值意识变得复杂。视觉素养教育需要帮助受众树立正确积极的价值观念、规范伦理道德并实现自我管理，在思想、规范和行为方面进行合理引导，才能有效防御低俗、虚假信息并矫正道德失范的显性问题。视觉素养教育的价值意识内容包括以下三个方面。

第一，树立正确的价值观念。价值观念是人在自己头脑中已经明确确立起来的有关各种事物有何价值或对他们应当如何去做的固定而牢靠的看法，能够为人生的实践提供指导。随着近年来自媒体的普及以及信息传播的便捷，网络环境中的伦理失范问题接踵而至，各种"毁三观"的信息和言论层出不穷，导致受众在虚拟的空间中模糊了价值观念。例如网络上频频爆出的犯罪讯息在不断挑战大众的心理底线，甚至对自己的生活观、婚姻观等都产生较大冲击。因此，消解错误的价值引导，坚守正确的价值观念是视觉素养教育需要重视的内容。第二，加强规范的伦理道德建设。近年来，由于信息安全监管不够到位，信息盗窃、信息污染、信息暴力、网络诈骗等犯罪问题愈演愈烈，有的甚至威胁生命或扰乱社会秩序。无论媒介如何发展、技术如何先进，都要遵循"以人为本"的原则，坚持媒介向善、技术向善的总体指导方向。因此，开展伦理道德教育，有利于帮助受众鉴别信息污染、保护个人隐私、学习信息安全法律法规并构建伦理道德评鉴体系等，引导受众坚守诚实可信、尊重他人的原则，树立正确的信息伦理道德观念并规范信息行为，这是加强伦理道德建设的重要路径。第三，实现严格的自我管理。随着信息生产的视频化和信息消费的碎片化，受众的感官刺激愈发强烈，无论是树立正确的价值观念还是加强伦理道德建设，终究要落实到受众的日常行为实践中，这就需要提升受众的自我管理能力，将外在的约束转换为自我的监督、评价、调整等，内化到媒介行为中，从而避免盲目的视觉狂欢享受、过度的媒介技术依赖、草率的信息价值认同等。自我管理是价值意识提升的高阶能力，也是视觉素养教育的高级目标。

第二节　视觉素养教育内容选择和组织的观念

本科生是视觉素养课程的对象，是课程内容的接受者，但是视觉素养课程是一门开放的课程，它的课程目标和内容都处于不断发展的阶段。视觉素养不是一种静态的素养，而是一种动态的素养。一个视力正常的人肯定具备视觉素养，且处于不断提升的过程。视觉素养是一个下无底线、上无极限的动态素养，因此视觉素养课程的目标和内容也是在不断发展的。视觉素养课程要选择和组织一定的内容培养学生的视觉素养，在该过程中，学生的主导地位不得忽略。

一、学生是课程内容的参与者

视觉素养课程内容的选择和组织以学生为主导，在不违背国家和政府意志的基础上充分参考学生的兴趣和爱好，以学生的生活为中心。大学生面临的是一个千变万化的信息社会，尽管他们具备一定的能力去应对各种信息，但是只有经过培养，他们才能发展视觉素养中较为复杂的能力，并发展创新思维、意识等。视觉素养课程内容要体现当代社会的特征，源于学生的生活，但是课程中的内容并非固定不变的，它可以根据学生的要求、时事的变迁等发生改动，学生具有高度的参与权去选择课程内容。

二、学生是课程知识的创造者

视觉素养课程在培养学生能力的同时更是注重学生掌握方法、发展思维等方面，课程的目的不是传递知识，而是鼓励学生去创造知识，去探索和发现知识。"不只是科学家、艺术家、诗人在创造知识和文化，每一个学习者也是知识与文化的创造者。"① 视觉素养课程中，学生不仅创造了个体知识，还促进了人与人之间的交流和共享，使个体知识逐渐丰富。学生创造知识的体验对他们的发展起到积极促进作用。因此将学生看作课程知识的创造者而非单向的接受者，有助于学生对课程的学习以及自身的成长。

第三节 视觉素养教育内容的选择依据

视觉素养教育的内容可以落实到课程内容的选择，是"根据特定的教育价值观及相应的课程目标，从学科知识、当代社会生活或学习者的经验中选择课程要素的过程"② 。英国哲学家斯宾塞通过问题"什么知识最有价值"将课程内容的选择置于课程论研究之中，后来泰勒又提出了"选择学习经验"，课程选择逐渐发展为课程设计的基本环节之一。选择的课程内容在一定程度上主导学生的发展水平，影响学生的发展方向。"课程设计中对课程内容的选择，已不是在一般性的意义上，而是在实践性和操作性的意义上来选择，因此，课程内容的选择和确定就是具体的。"③ 课程内容的选择既要从国家和政府意志、学科发展方向和社会科技进步等宏观方面考虑，又要从学生发展的意义、学生生活

---

① 张华. 美国当代"存在现象学"课程理论初探［J］. 外国教育资料，1997（5）：9-14.

② 张华. 课程与教学论［M］. 上海：上海教育出版社，2011：191.

③ 韩延明. 高校文化素质教育课程设计研究［M］. 青岛：中国海洋大学出版社，2005：48.

经验、课程知识体系等微观方面考虑。课程内容的选择对视觉素养课程设计而言是比较棘手的问题，中华五千年历史创造了深厚的视觉文化，现代科学与技术的发展进一步丰富了信息的视觉性，如何从这些广泛、丰富的素材中选择合适的教育内容是重点。教育技术学专业本科生的视觉素养教育目标分为基础目标和专业目标，视觉素养教育内容也应围绕教育目标，分为视觉素养教育基础阶段的内容和专业阶段的内容。

一、视觉素养教育基础层面的内容选择

视觉素养教育基础阶段以文化素质培养为主。"大学生文化素质教育主要是通过对大学生加强人文、社会、科学方面的教育，旨在使大学生在获得文化知识的时间深度和文化知识的空间跨度的基础上，形成深厚的文化底蕴，使科学精神与人文精神达到最低限度的融合，培养大学生的文化品位、审美情趣，提高大学生的历史感、社会责任感、主题意识感。"① 文化素质教育不以学科和知识为重，而是重视学生做事、做人的综合素质，既突出学生的个性发挥，又注重他们的全面发展。基础阶段的视觉教育是非专业性、非职业性的，对教育技术学本科生而言，它的作用主要是：（1）提供认知视觉符号的方法；（2）提升分析视觉符号的技能；（3）培养自主探究、批判、合作、交流、审美等方面的意识和能力。当学生面对铺天盖地的视觉信息时，他们应该从正确的价值观去分析和接受视觉信息的内涵，能够运用视觉信息为自己的学习、生活服务。视觉素养教育重视的是授予学生如何"渔"，而不是直接给予他们"鱼"。基础阶段的视觉素养教育主要源于社会又回归到社会，因此该阶段的视觉素养课程内容也源于社会，以多样

---

① 韩延伦. 大学生文化素质教育课程设计研究［D］. 上海：华东师范大学，2003：111.

化的视觉符号为来源，选择合适的内容。第四章从视觉维度对视觉符号的分类进行了细化，视觉素养课程内容的选择主要以这些类型的视觉符号为主，但是如何去选择这些视觉符号，也需要一定的准则来指导。

（一）以社会环境为中心

学生的学习和发展离不开具体的社会生活环境，训练迁移研究表明"只有当学生发现现实生活中碰到的情景与学习时发生的情景之间有相似性时，他才更有可能运用己之所学"[1]。视觉素养课程具有通识教育的特性，它注重学生素质的培养，并以适应社会需求为课程目标。无论课程的性质是什么，理论联系实际始终应该是课程内容选择要坚守的原则，课程内容只有来源于生活又用之于生活才能真正体现其价值。20世纪，美国实用主义理论流派也提出关注课程与生活的密切关系，"学校课程必须选择、组织有助于实际生活所要求的知识、能力、态度的教学内容，适应社会的需要"[2]。我国对于课程改革的具体目标也开始注重"改变课程过于注重知识传授的倾向……加强课程内容与学生生活以及现代社会和科技发展的联系"[3]，以生活为中心是视觉素养课程内容选择的重要依据。对视觉素养课程而言，它的内容不应该脱离学生平时经常接触到的各种视觉符号。

（二）以视觉符号为来源

视觉素养教育关注学生对视觉信息的加工能力，视觉素养教育内容的主要来源是视觉信息的具体表现形式——视觉符号。中国丰富的文化和高速发展的科技极大地丰富了视觉符号的内容和形式。前面从媒介和

---

① 泰勒．课程与教学的基本原理 ［M］．北京：中国轻工业出版社，2008：15.
② 佐藤正夫．教学原理 ［M］．北京：教育科学出版社，2001：168.
③ 吕立杰．课程设计的范式与方法 ［D］．长春：东北师范大学，2004：157

形式两个维度对视觉符号分类进行了梳理，因此视觉素养课程的内容可以从广泛的视觉符号资源中汲取。不同类型的视觉符号功能各异，例如新闻图片用于解说和强化新闻内容；广告图片用于劝说消费者购买；而艺术图片则用于提供美的感受和体验。视觉符号功能的差异致使学生在观看视觉符号时具有不同的视觉素养倾向，有的视觉符号需要学生具备较高的批判能力，有的则需要具备较高的鉴赏能力。在选择视觉素养课程内容时，既可以以视觉符号的形式为切入点，也可以以视觉符号的功能为切入点。

（三）以学生兴趣为主导

教育是一个主动的过程，它要求学习者自己积极主动地努力。[①] 因此教育内容并不只是符合教育目的，它必须与学生的兴趣有关，激发学生的积极主动性，让学生感觉学习是有价值、有意义的。兴趣是最好的老师，是学习的动力，但是当前许多课程内容的选择并未真正考虑学生的心理感受，只是按照学科发展去编制，使学生总是处于被动的状态去接受，而不是积极主动地去探索。结果造成许多学生对课程不感兴趣，甚至只是为了应付考试，影响了学生学习的积极主动性以及身心发展。为了纠正这种偏差，我们要注重学生的心理感受和兴趣取向，兴趣在很大程度上主导学习效果。因此，视觉素养教育内容的选择需要充分考虑到学生的心理发展特点以及他们的兴趣需求，通过兴趣激发学生自主探究的积极性，提升教育和教学效果。

基于以上三个方面，调查分析大学生常用媒介与常阅读的视觉信息类型，如表 6-1 所示。

---

① 泰勒. 课程与教学的基本原理［M］. 北京：中国轻工业出版社，2008：10.

表6-1 大学生常用媒介与视觉信息调查表

	电脑	手机	电视	电影	杂志	图书	报纸	其他
电视剧	☆	☆						
电影	☆	☆		✳				
新闻	△	☆						
广告			△		△			
图片	☆				☆	✳	✳	
图表						☆		
其他								

（注：☆表示观看频率最高；△表示观看频率次之；✳表示观看频率最低）

二、视觉素养教育专业层面的内容选择

视觉素养课程的专业阶段以完善教育技术学本科生的专业能力结构为目的，注重培养学生设计开发视觉教育信息的能力。第四章对课堂教学环境中的视觉符号进行了划分，主要有图像、图表、视频和模型。由于教育技术学专业开设的技术课程包含了摄影、摄像等，这些课程培养学生拍摄与处理图片、录制与处理视频等技术能力，以及培养学生开发视觉教育信息的能力。但是知识可视化相关应用能力并未受到重视。知识可视化只是一个概念，表达了知识可视化这样一个过程，将知识进行可视化的结果通常是图表这种具体符号，例如思维导图、概念图等，它们通常以线条、图形和文字的形式呈现，主要用于辅助文字的理解。双重编码理论已证明，如果语言和文字出现的同时伴随着图像信息，记忆会被加强，戴尔的"经验之塔"理论也说明越是具体的学习经验越有利于学习者的学习效果。当有些抽象的知识无法用照片、视频等形式呈现时，图表作为一种介于抽象和具象之间的形式，便成为学生理解抽象知识的桥梁。以戴尔的"经验之塔"为例，假如没有三角的塔形辅助

文字的理解，戴尔的"经验之塔"理论则是抽象的，不利于理解和认知。通过调查社会需求、学生需求，图表作为知识可视化的形式既可以帮助学习者的学习，又可以促进他们的交流。视觉素养课程专业阶段以培养学生利用图表学习和交流的能力以及创造图表的能力为主，从而完善教育技术学专业能力结构。对此阶段的课程内容的选择更加具有针对性，以各种知识可视化的图表为来源。

（一）以视觉表征理论为参考

雷默·克哈德提出的知识可视化框架从四个问题入手解决知识可视化的过程：为什么进行知识可视化？什么样的知识需要进行可视化？可视化的类型是什么？可视化知识的接受对象是谁？四个基本问题同样能够应用于视觉表征的实践中，不仅为我们选择课程内容提供有效的指导，还能为学生的视觉表征理论与实践提供参考。当前已有的知识可视化类型丰富多样，既有成熟完善的，也有尚待发展和补充的。当前已有的视觉表征类型有思维导图、概念图、思维地图，这些图表依据一定的理论基础，并具有相对应的绘图软件，在国内外应用颇为广泛。但是也有一些视觉表征类型为大家熟知，却未成为一个完整的体系，例如教材中常用的各种示意图表，简单的线条和图形便能清晰表达传递着的意义，但学习者仅仅把这些图表作为一种辅助工具，而忽略了它也是一种传递和交流的语言，它能够帮助我们学习、思考和交流等。目前已有研究者将存在的知识可视化图表进行了分类，按照元素周期表的形式进行了组合排列，并在表中将每种类型的图表的特征进行了表征，如表6-2所示。各种视觉表征的概念、内容和表征方式都可以作为课程内容，只有了解已有的视觉表征的理论，才能为学习者进行视觉表征奠定基础。

表6-2　可视化方法的周期表①

（二）以视觉表征的应用为目的

视觉表征理论能够帮助学生理解知识可视化的各种类型和流程，只有将其应用到实践中，视觉表征才具有价值和意义。对教育技术学本科生而言，视觉表征的工具既可以作为他们在校学习、交流的工具和手段，辅助他们理解和记忆各种知识，又可以作为他们走向工作岗位后的传播工具，将要传递的内容进行知识可视化，创造出可视化的符号，促进知识的传递。因此视觉素养课程专业阶段的内容以视觉表征的应用为目的，培养学生视觉学习、视觉交流和视觉创造的能力。

---

① http：//www.visual-literacy.org/periodic_ table/periodic_ table.html

第四节　视觉素养教育内容的组织方式

确定教育内容之后，便需要考虑如何组织和安排这些内容。教育内容的组织是指对教育各内容要素进行安排和排列，目的在于通过对教育内容要素进行合理、有效的安排，为学生建构出一个科学合理的教学内容知识体系。教育内容的组织形式影响教育内容体系的建构和学生对知识的理解，在很大程度上制约学生能力水平的形成。"科学合理的组织和安排，不仅要考虑这些课程内容的水平结构，也要考虑这些课程内容的垂直结构，使课程既能确保其内容的连续性，又能确保其具有一定的深度，使学生在课程实施的过程中能够建构合理的知识结构。"① 视觉素养教育内容的组织主要指合理安排课程内容的各要素，使之形成一个科学而完整的体系，帮助学生发展视觉素养，提升人文素质并完善能力结构。

目前已有的教育内容的组织形式主要有四种：垂直组织、水平组织、综合化组织和心理化组织。大多数学科教育内容的组织都是按照垂直组织形式，由易到难。分析国内外已有的视觉素养教育实践，多数视觉素养教育内容按主题进行组织，主要是因为视觉符号形式多样，不同的视觉符号对应的视觉加工方式也存在一定差异，按主题的形式组织课程内容并开展课程教育使教学针对性更强。基于已有的理论研究与实践分析，视觉素养教育内容的组织主要从横向、纵向和综合三个方面来把握。横向组织主要是按照内容的广度和范围，从整体上进行组织，以主

① 韩延明. 高校文化素质教育课程设计研究［M］. 青岛：中国海洋大学出版社，2005.

题为依据；纵向组织则是按照内容的深度和难度，在主题内容的基础上进行由浅入深、由易到难的安排；综合组织既在横向角度关注课程内容之间的关联，建立主题内容中之间的联系，又在纵向角度将课程内容与其他课程相整合，综合组织主要协调横向和纵向的组织关系，优化课程内容的结构。

一、横向组织

视觉素养教育内容的横向组织方式是指将教育内容按照主题的形式进行安排，从整体上对内容进行划分。主题内容主要来源于符号的类型，按照一定标准对符号进行分类，可以按照符号的技术媒介、呈现形式，也可以按照符号的功能分类。视觉素养课程内容分为两部分，基础内容和专业内容，基础内容是有关生活的大众性视觉符号，而专业内容是有关教育学的知识可视化符号，针对不同的符号类型，内容的组织方式也存在差异。

（一）基础层面：按照符号的技术媒介划分内容主题

教育技术学专业具有技术和教育双重属性，掌握技术媒介的使用和特性是专业能力中的一部分。教育技术学本科生应该"了解教学媒体的分类、特性、在教学中的作用，掌握教学媒体的选择、应用、管理和评价的方法"[①]。对教学媒体的认知和应用建立在对普通媒体的基础之上，媒体被创造之初往往并不是为了应用于教育，而是随着教学的发展和需要，各种媒体逐渐被改进并应用到教学中以促进教学效果，例如电影、电视、电脑等都是经过一定的发展之后被应用到教学之中。因此教育技术学本科生的视觉素养教育内容按照符号的技术媒介进行划分，可分为网络、电视、电影、杂志、报纸、书籍和其他类型。横向的组织方

---

① 李龙. 教育技术领域·学科·专业 [J]. 中国电化教育，2005（12）：5-10.

式可以帮助学生更好地把握视觉符号的产生和制作的相关理论和技术。

（二）专业层面：按照符号的表现形式划分内容主题

视觉素养教育的专业层面是为了培养学生利用知识可视化的符号促进学习、交流和传播的能力。知识可视化是将知识以图解的形式呈现出来，知识的类型决定了可视化的方式，例如有表达概念关系的可视化符号，有表达思维过程的可视化符号等。只有选择正确的类型才能帮助知识更有效地传播，否则会导致事倍功半的结果。因此，对视觉素养课程专业阶段的内容主要按照符号的呈现形式进行划分。符号的呈现形式与知识的类型关系密切，在教学过程中，知识主要由陈述性知识和程序性知识构成，陈述性知识主要表达概念、原理等描述性的内容；而程序性知识主要是为学习知识、获得知识而进行的观察、分析、推理、综合等思维方式及思维程序，是在解决问题的过程中获取的知识。对陈述性知识，我们可以选用概念图表示概念的关系，对程序性知识我们可以选择思维导图帮助建构和分析知识等。按照知识可视化的表现形式进行内容主题的划分能够帮助学生进一步认清符号的功能和性质，更好地将符号应用于教学之中，促进知识的学习、交流和传播。

二、纵向组织

视觉素养课程内容的纵向组织对主题内容依据深度和难度按顺序排列。需要参考学生的身心特点、社会需要、学科特性等由简入繁、由浅至深地组织，"只有这样课程才能促进积累性的和持续性的学习，或者促成通常所指的课程领域的纵向关系"①。视觉素养课程的基础阶段和专业阶段对教育技术学本科生的培养目标不同，对课程内容的组织也有

①　奥恩斯坦，汉金斯．课程：基础、原理和问题［M］．南京：江苏教育出版社，2002：255.

限制和要求。

（一）基础层面：从能力到知识

视觉素养教育的基础阶段以培养学生从视觉符号的能指解读所指的能力为目的，培养他们的综合素质。该阶段不以传递知识为主，而以培养他们获取解读视觉符号的方法和能力为主。对基础阶段课程内容的组织不是按照传统的排列知识的方法，而是要充分考虑课程培养目标、课程内容的性质，以自主探究为根本，帮助他们掌握阅读视觉符号的方法，督促他们在合作、探究的过程中探索和获取知识。

（二）专业层面：从知识到能力

视觉素养教育的专业阶段以培养学生对知识可视化符号的理论和应用为主，辅助他们对知识的学习和传播。知识可视化符号范围广泛，学生多是从教材中获取，并未过多关注和应用这些可视化符号，仅仅把它们当作对文字内容的重复表述，没有发现可视化符号的重要性和可用性。因此，本阶段的课程内容应该以知识可视化的基本知识为主，介绍各种可视化符号、工具的基本内涵，掌握知识可视化语言的语法、修辞等，然后在理论学习的基础上提升对知识可视化符号的应用。

三、综合组织

无论是基础阶段还是专业阶段，视觉素养教育的组织都不能忽略课程内容主题之间的关联以及本课程与其他课程之间的联系，即综合组织。只有对教育内容进行综合组织，才能促使课程平衡发展，实现教学设计者追求教学内容平衡的主要目标和理想。综合组织既注重课程主题内容之间的平衡关系，也注重教育内容与其他课程内容之间的平衡关系。

第五节　视觉素养教育的内容

基于以上教育内容选择和组织的观念分析、选择和组织的内容，设计视觉素养教育的内容如下：

一、活动内容

（一）视觉素养——你会"读"吗？

视觉素养——你会"读"吗，是从基础层面对教育内容的选择与组织。基础层面的视觉素养教育主要是培养教育技术学本科生"读"图的意识和能力，从而提升审美与人文素质，这是大学生在当今时代需要具备的素养之一。针对前面从视觉维度对大学生的分析，并参考南京师范大学的"视觉文化与媒介素养"课程内容，将视觉素养课程的选择和组织主要总结为以下三大方面：基础理论、实践探索与实际应用。

第一，基础理论主要包含对视觉素养和视觉符号基本理论的分析。

（1）读图时代的视觉素养。主要是关于视觉素养提出的时代背景、视觉素养的概念解析、视觉素养的发展演变等。有助于学生对视觉素养基本知识的了解，更好地开展课程学习。

（2）视觉符号的构成要素与文化背景。主要关于视觉符号的要素（色彩、线条、形状等）以及视觉符号在不同文化背景下的意义。这部分内容帮助学生了解有关视觉符号的基本知识，为他们分析视觉符号奠定基础。

第二，实践探讨主要是分析不同类型的视觉符号，并在此过程中发展各种能力和素质。

（1）网络图片。网络是当代大学生获取信息最常用的媒介，网络上的图片也是他们每天关注的信息，而大学生对这些图片信息的解析多是浮于表面的，因此将网络图片这种与大学生密切相关的信息划分到课程内容中。在此，对网络图片的分析主要聚焦在新闻图片、广告图片。

（2）报纸图片。随着信息时代的发展，报纸逐渐退出人们的视线，网络以其时效性、丰富性等特征击败了报纸，但是很多报纸图片堪称经典，它们与文字标题、内容相辅相成，共同传递着讯息，具有重要意义。此外将报纸图片列为课程内容的另一目的是培养学生对报纸文化的关注。

（3）书籍图片。读图时代下，图像比比皆是，书籍也在逐渐改变以文字为主的形式，逐渐变得可视化。书籍封面的艺术感成为吸引读者眼球的关键元素，书籍内容的形象化使读书的体验变得更加丰富，因此该部分以书籍封面和形象化的书籍内容为课程内容。

（4）电视作品。尽管当前很多大学生不再使用电视机观看电视作品，但是并不代表他们不看电视作品，只是网络取代电视机成为他们观看电视作品的工具。电视作品的观看对他们而言只是一种消遣，他们喜欢看电视剧、新闻甚至各种个性的广告。对电视作品的分析主要聚焦于电视剧、电视广告、电视新闻等，从电视画面的布局、文化背景等角度进行解读。

第三，实际应用主要是将前面的理论学习与实践探讨结合起来，将其应用到视觉艺术的创作过程。该部分不是以分析为主，而是以创作为主。学生通过小组的形式，选择一定的主题，既可以创作新闻图片，也可以设计书籍封面等，充分进行创新，将自己的想法和观念赋予到作品中去，然后进行交流和共享。这种共享既可以是课堂上的，也可以通过网络，提升学生的设计、创作、交流、共享等能力。

（二）视觉素养——你会"写"吗？

视觉素养——你会"写"吗，是从专业层面对课程内容的选择与组织。专业层面的视觉素养教育设计是从学生的专业能力、就业需求等方面出发，有助于学生专业能力的发展，使之更好地适应工作需要。这部分内容以知识可视化理论与实践为参考，同样分为以下三方面：基础理论、实践探索和实际应用。

第一，基础理论主要包含对视觉表征理论和符号元素、语法的分析。

（1）视觉表征理论与应用。主要介绍视觉表征的相关理论，包括什么是视觉表征、为什么进行视觉表征、如何进行视觉表征等。

（2）视觉表征符号的构成元素和语法分析。视觉表征的各种符号如思维导图、概念图等并非随意进行组织的，而具有一定的语法和修辞。例如其中的箭头相当于语言中的动词，表达的是顺序性，使用线条和箭头的意思截然不同，因此学生必须掌握视觉符号的基本元素和语法结构。

第二，实践探讨主要是分析不同类型的视觉表征符号，帮助学生认知和理解各种符号。

（1）视觉表征的元素周期表解析。视觉表征元素周期表是将目前已有的可视化类型进行了分类总结，以周期表的形式表征出来，它包含的种类繁多，又具有高度的组织性，有利于学生纵览可视化的类型。

（2）视觉表征案例分析。可视化元素周期表陈列了很多类型的可视化类型，这一部分对其中的几个典型的可视化类型进行剖析，说明他们之间的关系和区别，以及如何去应用。

第三，实际应用主要是将视觉表征的理论分析与实践探讨结合起来，更好地应用到教学传播与人际传播中去。

（1）视觉表征实践一：图表绘制。各种图表是知识可视化的结果，学生不仅需要了解知识可视化的理论，更要在合适的情况绘制知识可视化图表，促进知识的传递。

（2）视觉表征实践二：PPT 设计。PPT 是学生在学习、交流过程中必然要用到的媒介之一，它不仅是知识、思想传递的辅助工具，更是一件视觉作品，同样是知识可视化的结果。合理地设计 PPT 能带给观看者更多的认同感，从而提升知识的传播效果。

对视觉素养教育内容进行视觉表征如表 6-3 所示。

表 6-3　教育技术学本科"视觉素养"课程内容列表

视觉素养——你会"读"吗?		
基础理论	1. 读图时代的视觉素养	视觉素养提出的时代背景 视觉素养的概念解析 视觉素养的发展演变
	2. 视觉符号的构成要素与文化背景	构成要素 文化背景
实践探讨	1. 网络图片解析	新闻图片 广告图片
	2. 报纸图片解析	新闻图片
	3. 书籍图片解析	书籍封面 书籍内容
	4. 电视作品	电视广告 电视新闻 电视剧
实际应用	视觉作品的设计、创作、交流、共享……	

续表

视觉素养——你会"写"吗？		
基础理论	1. 视觉表征理论与应用	视觉表征概念 视觉表征的原因 视觉表征的方法 视觉表征的类型
	2. 视觉表征符号的构成元素和语法分析	视觉表征符号的构成元素 视觉表征符号的语法分析
实践探索	1. 视觉表征元素周期表解析	周期表的色彩分析 周期表的形式分析 周期表的内容分析
	2. 视觉表征案例分析	概念图 思维导图 思维地图
实际应用	视觉表征实践一：图表绘制	
	视觉表征实践二：PPT 设计	

二、教材内容

有关视觉素养教育的教材相对较少。南京师范大学张舒予教授带领团队长期耕耘于视觉素养教育领域，不仅撰写与修订了《视觉文化与媒介素养》教材，还基于教育实践整理了《视觉文化与媒介素养：理论纲要与教学案例库》，为视觉素养教育实践提供了借鉴。下面以"中国古建筑：可触可见的历史"内容作为案例进行分析，该案例来源于《视觉文化与媒介素养》和《视觉文化与媒介素养：理论纲要与教学案例库》。

"中国古建筑：可触可见的历史"教材案例：

"中国古建筑：可触可见的历史"是《视觉文化与媒介素养》的一

个章节，以下内容引自《视觉文化与媒介素养》。

中国古建筑包罗万象、博大精深，凭借中国古代建筑特有的视觉外观，无论身处何处，我们总能从林林总总、各式各样的建筑之中将中国的古建筑辨认出来。中国古建筑的外观为何这般独特？你的眼中所看到、印象中所留下的是它的哪些特征？该章节内容从"体悟建筑之形、感悟建筑之美和领悟建筑之意"三个方面带领学生从感性直观到理性认知，深刻理解中国古建筑的形象之美与内涵之深。教育目标包含三个方面：（1）了解中国古建筑外形的主要特征与各历史时期建筑外形风格的演变过程；（2）了解中国古建筑外形与中国文化之间的关系，并能够举例说明；（3）从外形上判断中国古今建筑的差别，从继承的角度出发思考当今"新"建筑的价值所在。

教材内容设计遵循问题探索、知识学习、理解分析和总结提升的过程进行了相关的设计。

1. 问题探索

第一部分内容引导学生对中西方建筑的风格差异进行对比思考，让学生在学习过程中发现问题、思考问题。

历史上建造的每一个建筑都有其自身的意义和功能，每一种建筑都代表了某个地区、某种文化、某种思想。无论是从建筑的选材，还是建筑的结构或装饰，都是经过人民的聪明智慧思考设计而成的。同样，西方建筑也如此。西方建筑的发展是西方历史的见证，由于中西方文化的差异，中西方建筑也是必然存在差异的，要想真正地了解中国的建筑，那么就让我们先比较下中西方建筑的差异吧，通过比较，也许会发现什么，下面就让我们一起来看看中国和西方的建筑。我们在生活中见到的中国古建筑是什么样的？

图 6-2　中国古建筑 1①

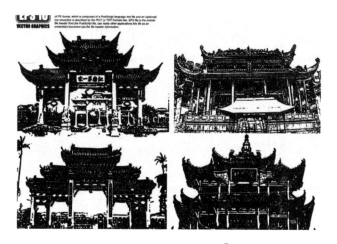

图 6-3　中国古建筑 2②

从图 6-2 和图 6-3 效果图我们可以看出，中国古建筑高大宏伟，外形独特，结构精巧……每一种建筑背后都体现了劳动人民的聪明智慧。下面就让我们一起来欣赏西方建筑的独特魅力。

看过电影《罗马假日》的人都知道，电影讲述了一对年轻人浪漫的爱情故事。除了故事，电影中关于西方建筑的片头也都广为传颂，《罗马假日》中出现的好多建筑都是被载入建筑史的。也许你对电影中

---

① 出处：360 智图（中国古代建筑、佛香亭）
② 出处：360 智图（中国古建筑矢量剪影图片）

雄伟的建筑、威风的骑士、婀娜的雕塑……还有深刻的印象，就让我带大家一起走进现实中罗马的世界吧！

图 6-4　电影《罗马假日》拍摄地①

　　图 6-4 是电影《罗马假日》的拍摄地，从这部电影中的建筑中，我们看到西方建筑的独特性与魅力性，也许只从罗马的建筑难以体会到西方建筑的神韵，下面我们来看看其他西方国家的经典建筑。

图 6-5　西方国家建筑效果图②

———————————

① 　出处：360 智图（意大利罗马圣天使桥上的雕像）
② 　图片来源：360 智图（布鲁塞尔的印象）

通过图6-2、图6-3展示的中国古建筑以及图6-4、图6-5展示的西方建筑，是不是有什么发现？下面就让我们来简单地总结一下：

（1）建筑材料的不同

通过对比，我们发现，中西古建筑在材料的运用上也有所不同，如图6-6所示：

图6-6　中西方建筑对比图①

从图6-6中可以明显看出，中国传统建筑的建造材料多以木为主，运用石与土建造墙体和台基，而西方的建筑材料多以石为主，在屋顶上会运用木。这种特点使中西方建筑有着各自的独特性和思想性。

（2）建筑结构的差异

从图6-2和图6-5中可以看出，中国的建筑具有群体性、对称性、独特性的特点，而西方的建筑并不像中国传统建筑那样追求结构美，而是更追求建筑的雕塑美和形体美。

（3）建筑观念的区分

不同的建筑材料和社会功能，使得中国传统建筑与西方古典建筑有

---

① 图片来源：360智图（明清宫殿、雅斯特的塞尔维亚教堂，古典雕刻）

着不同的情感意义，不同的文化背景和信念。"中国古建筑体现着中华民族传统的含蓄美以及追求和谐的心态，而西方的建筑更倾向于造型的雕塑化，重视建筑整体与局部的和谐与统一。"①

正是由于文化的不同，引起了中西方建筑在材料、结构、观念上的不同。中国传统建筑和西方古典建筑各具特色，给人们带来了不同的生活方式、思想观念和审美体验，因此，我们应当充分尊重各个国家的古代建筑，在中西文化的碰撞中，取其精华，扬长避短，塑造我们中华民族特有的观念。

2. 知识学习

对比了中外建筑差异之后，进一步学习了解中国古建筑的独有特色。

中国古建筑作为灿烂辉煌的中国传统文化的一部分，无论是从整体的外观上，还是从细微的装饰上都有自己独特的魅力。

（1）建筑结构，巧妙科学

中国的绝大多数古建筑都是木头所造。用木头制造建筑，非中国独有，但唯独在中国数量最多，应用最广，技术水平最高。可以这样说，中国古建筑与世界其他建筑形态最基本的区别是大量地使用木头及在此材质上发展出来的高超的建筑技艺。这种情况的产生与中国的自然环境有关，也源于中国人对待建筑的态度：木头易腐烂，最怕火灾，能够历经百年而依然存在的木建筑数量很少。但中国人对待建筑的态度是"不求物之长存"②，人们将建筑看作是生命的一个部分：生死交替，往复循环。所以对于建筑，中国人热衷的是重建，而不是保存。从这个思想出发，木材建筑独独在中国被发扬光大、日臻完善也就不足为奇了。

---

① 王留明，谢城城. 试论中西方的建筑差异及中国古建筑特点［EB/OL］. 百度文库，2018-02-07.

② 梁思成. 中国建筑史［M］. 天津：百花文艺出版社，2005：13.

（2）硕大屋顶，造型独特

中国古建筑主要包括屋顶、屋身、台基三个部分，这三个部分各有特色，尤其是对屋顶的建造更是独具匠心，样式丰富，变化多样。从外形上看，中国古建筑的大屋顶挑出房檐，防止雨水，保护了外侧柱基。屋顶通常大于屋身，基本外形宛如"人"字，造型独特。这种人字形的屋顶是中国古建筑的一大特色。古代的中国，屋顶除了它的实用功能外，还有等级之分，按等级从高到低的顺序依次为重檐庑殿顶、重檐歇山顶、单檐庑殿顶、单檐歇山顶、悬山顶、硬山顶等。

中国古建筑的屋顶造型独特，很大一部分原因是受到当地自然环境的影响而建造的，比如，屋顶呈"人"字形主要是为了排水方便。因此在中国的多雨区屋顶有其特有的构筑形态。另外，从屋顶的形态上我们还可以看出各区的降水量大小，比如，如果屋顶倾斜度小，则说明雨水的下降速度比较慢。而坡度较大的屋顶则常常与降水量大有关。在中国气候比较干旱的地区，屋顶比较平坦，这样既不用专门设计成一定坡度防水，也可以在屋顶活动或者晒粮食。"人"字形的大屋顶是其他国家的建筑中所没有的特征，这种匠心独运的设计不得不令人佩服。

（3）组合布局，中轴对称

中国古建筑分为宫殿建筑、陵寝建筑、宗教建筑、民居建筑、园林建筑等形式，这些建筑采用相近的布局方式，主次分明。这种布局方式一般都是由单个建筑物组成的群体。即以院子为中心四周布满建筑物，并且每个建筑物面向院子。同时讲求中轴线布局，即把主要的建筑物分布于中轴线上。这种群体以中轴线分布的形式表现出了含蓄封闭的民族气质。如我们常见的四合院住宅，如图6-8所示。四合院四周的建筑以院子为中心面向院子分布，并且正房在中轴线上，两侧的房屋则是相对而立。

（4）装饰丰富，变化多样

中国古建筑上有着丰富多样的雕塑装饰，一般分为两大类，一类表现在建筑物自身上，例如雕刻在柱子上、屋顶上等，有人物、飞禽走兽、花鸟鱼虫等，其中龙凤图案则被广泛使用。雕塑的材料有木、石、砖、瓦等；另一类脱离于建筑自身，摆放在建筑物的周边，例如院外的石狮、院内的佛像等。

（5）色彩搭配，鲜明和谐

除了中国古建筑的外部结构，色彩的使用也会使人感受到中国建筑的独特魅力。中国古建筑的木料表面涂上油漆，是为了达到防腐的目的，而中国古建筑使用多样的颜色，又令人觉得十分美观，给人们带来了美的享受。当你走进北京紫禁城，你看到的是碧蓝的天空下一大片金黄色的琉璃瓦屋顶，宽大白台基上成排的红柱子与红门窗；而当你步入苏州园林时，围绕你的是白墙黛瓦、碧水绿树。做到了与环境相得益彰，成为自然环境与人工环境中和谐的组成部分。颜色如同衣物一般，表明了建筑的身份，体现了建筑的特征。

中国古代建筑用色虽多，但在使用时却是相当严谨规范。在特定的场合中使用特定的色彩，历朝历代对于如何用色都有严格的等级制度规定：《礼记》记载有"楹，天子丹，诸侯黝，大夫苍，士黄"等；宋代规定："非宫室寺观，不得彩画栋宇及其黔其梁柱窗户雕柱础"；明清时代更是定下了详尽的色彩等级制度。所以我们看到，皇家建筑多用白色的台基、红色的墙与柱、青绿色的檐下彩画，及黄色的琉璃瓦顶，这样的建筑色彩搭配，显得浓重而华贵。而江南民居则与当地自然环境、风俗习惯相结合，采用白墙，配以灰瓦、红褐色的柱子，与色彩斑斓的花木相对应，形成清淡素雅的氛围，具有别样风味。

正因为中国古建筑用色的严谨与规范，我们有时甚至不需观看结构形态，单凭色彩感觉，就可体察出建筑印象中中国文化的痕迹。

3. 品一品：领会中国古建筑的内涵意韵

在对中西方建筑的差异了解之后，我们体会了中国古建筑的独特魅力。我们知道建筑但凡能成为一个完整的体系并且有序地发展下去是有其社会文化根源的，它不可能无缘无故地产生，也不可能无缘无故地消亡。因此，我们在了解了传统建筑的情况后需要结合当时的社会文化背景探索其背后的真正含义，更深入地了解中国传统文化。本部分内容主要从以下三个方面展开。

（1）传统样式：民俗文化的体现

中国的古典建筑是中华传统文化的主体，无论是精英文化的诸子百家还是作为民俗文化的民间信仰和风俗，大多可以归纳到"以耕作居于支配地位""社会分工不发达""生产过程周而复始"的农业文明的范畴之中。中华传统文化的一系列基本性格，其根源都深植于这样一种经济生活当中。这种农耕文化以其深刻的影响力，无孔不入地左右着社会生活的各个方面。建筑，尤其是官式建筑，作为社会文化的载体，在许多方面表露出与之相应的特征。

（2）布局结构：天人合一思想的体现

老子提出"天人合一"的观点，认为人为自然界的组成部分，主张顺应自然。这一观念同样影响了建筑的聚落选址、总体布局、室内外环境设计布置，直至取材及营造技术各方面。

中国古代房屋以"负阴抱阳、背山面水"为选址的基本原则和格局。古代风水学中，认为山体是大地的骨架，也是人们生活资源的天然库府，水域是万物生机之源泉。背靠高山，面对江河，坐北朝南，享受最充足的阳光，是修建房屋的最佳位置，这也体现了人渴望与自然相融合，从而达到天时、地利、人和的最佳居住环境。"黄帝曰：阴阳者，天地之道也，万物之纲纪，变化之父母"（《素问·阴阳应象大论》），古人认为宇宙万物是由阴阳二气的交互作用所生成，由此决定了宇宙万物无不包含着阴阳的对立统一。"夫宅者，乃是阴阳之枢纽。"（《黄帝工经》），阴阳是生命的核心，住宅是生命的载体，中国民居正是以阴阳合成的观念，塑造了以院落为中心和单元的基本平面格局，建筑空间外为阳，内为阴，高为阳，平为阴，屋宇为阳，院落为阴。中国古建筑的外部造型也尽量表现出与自然协调的意念。它有虚有实，轮廓柔和，曲线丰富，在稳重中呈现出一定的变化。在建筑空间上，不像西方建筑那样用超尺度的高大、空旷来表现建筑的庄重和神性。中国古代建筑体系，坚持有节制的人本主义建造原则，即是以人体尺度为原则，既要求"大壮"，又要"适形"，建筑高度和空间控制在适合人居住的尺度范围内，具有初级的人体尺度思想，即使是皇宫、寺庙等建筑也常用小尺度的"院"不断有规律的衍生来产生雄伟建筑群。而且建筑造型和高度还会考虑周边环境，通过跟自然的借用，即是"托体同山阿"，使建筑与自然和谐统一，这也是"天人合一"思想的最好体现。

（3）民居类型：宗教特征的体现

在中国，宗法制度兼备政治权力统治和血亲道德制约的双重功能。虽然历经动乱，社会经济形态、国家政权形式多有变迁，但构成中国社会基础的始终是由血缘纽带维系着的宗法性组织——家族。"家"在中国古代是社会的基本细胞。"家族"与国家在组织、结构方面是一致的，国是大的家，家是小的国，具有"家国同构"的特征。在这样一种社会特征之下，一切思考便均是由"家"开始的。家，是社会思考的基本单位。这一点，在建筑上有着深刻的反映。如图6-8所示，北京典型的四合院住宅，可以说是一个中国封建大家庭在建筑上的缩影。

图 6-8　北京古代宅院建筑①

综上所述，中国古典建筑体系是一套深受民俗文化影响、体现天人合一思想，并与宗法社会相谐调的体系，它在设计意念上是以"家"为思维起点，以住宅为原型而不断衍生的产物。有此结论，则形成了一种古代建筑体系与社会文化之间关系的初步看法。随着研究的广泛和深入，希望能渐渐挖掘出两者之间更多深层的联系，以求对比当代社会文化状况，对传统建筑遗存进行理解和取舍，从而确立评判传统建筑的一套评价体系。只有这样，才能真正地取其精华，为今所用。

4. 想一想：传承中国古建筑的文化气息

中国古建筑是中华民族悠久历史文化遗产，以其优美的艺术形象、精湛的技术工艺、独特的结构体系著称于世界，旧时的能工巧匠们用他们的劳动智慧绝妙地运用尺度和比例，在布局上体现了节奏和韵律，更在艺术形象上使用了比较、比喻和联想。因此，传承这种民族文化不仅可以延续中华民族的传统文化，而且保存并发展中国古建筑的精髓。我们可以通过拍摄图片、宣传文化等范式来传承我们的古建筑文化。中国

---

① 出处：360 智图（古代宅院建筑）

古建筑拥有深厚的文化底蕴，是历史的见证，也体现着现代文明，具有巨大的历史价值以及继承价值。面对快速发展的中国建筑产业，我们必须保护好我们的古建筑，也应该在效仿西方建筑的同时继承中国传统建筑的文化精髓，开创新时代的具有中国特色的现代建筑。

视觉素养教育的教材强调以视觉为先导，将视觉素养与媒介素养、信息素养融会贯通，培育全面发展的人，具有鲜明的时代特征和可操作性。

第七章

技术进化视域下视觉素养教育活动

明确视觉素养教育的目标和内容之后，需要进一步设计视觉素养教育的活动。视觉素养教育活动是培养个体对视觉世界进行感知、理解和创造能力的一种教育形式。这种活动旨在提高个体的视觉表达能力、审美鉴赏能力以及对视觉传达的理解。

第一节　视觉素养教育的实践路径

素养教育是一个长期、复杂的系统化工程，无法得到立竿见影的效果并且难以用考试或分数衡量。此外，它也不属于学校的学科教育体系，受重视程度远远不足。尽管有研究者不断探索和尝试视觉素养教育、媒介素养教育或信息素养教育，但是由于政策理念、方式方法等方面的问题，教学效果甚微。因此，视觉素养教育要总结历来不同素养教育的经验与教训，立足于我国视觉素养教育的时代需求，探索大众视觉素养教育的创新实践路径。

一、协同多元主体，推进视觉素养教育系统设计

视觉素养教育的稳步推行需要宏观的规划引导，零散的孤军作战不足以推动视觉素养教育的全面开展。这就需要政府、学校、媒体机构、社会非政府组织等共同参与，通过自上而下的力量为视觉素养教育提供有力保障。首先，政府作为主导力量引领视觉素养教育方向是媒介融合时代的现实需要，也是诸多国家成功的经验借鉴。以芬兰媒介素养教育为例，芬兰教育与文化部出台国家政策指南《良好媒介素养：国家政策指南（2013—2016）》，制定了媒介素养教育的目标和原则。因此，视觉素养教育需要政府部门的支持，通过政策制定、法律保障、资金支持、宣传推广等多维方式提升视觉素养教育的话语体系和接受程度，并调动多部门协同进行统筹规划，推动教育实践开展。其次，要在政府统筹下动员社会各界力量协同参与并明确各主体的教育职责，这是视觉素养教育落到实处的重要支撑。政府力量是有限的，视觉素养教育的具体实施在政府统筹规划的基础上，还是需要依靠学校、社区、图书馆、媒体机构等诸多部门和机构的共同努力，各自发挥优势为视觉素养教育提供教学、实践、研究等方面的支持。此外，为了避免教育实践的盲目性与随意性，视觉素养教育的创新实践需要系统化的框架来提供具体可操作性的指导方案。政府统筹管理社会多元主体共同参与视觉素养教育系统规划：一方面，通过建构视觉素养教育的理论体系、建立视觉素养教育的管理机制、健全视觉素养教育的政策法规等，为视觉素养教育营造良好的制度环境，保障视觉素养教育的有效开展；另一方面，将视觉素养教育列入现代公民的基本素养教育工程，明确教育目标和教育对象、设计教育内容和教育活动、创建教育环境和教育平台等，全方位构建教育系统构架，为视觉素养教育的

落地提供可行性依据。

二、打破学科壁垒，创新视觉素养教育分段体系

视觉素养是一种综合性素养，在充分调动多重感官的基础上突破了学科界限，实现了多学科、多领域的交叉融合，如传播学、社会学、心理学、艺术学、算法学、逻辑学等。因此，视觉素养的时代特性势必对视觉素养教育提出新要求，视觉素养教育不应局限于独立的单一素养教育，而是要打破学科壁垒实现跨学科融合素养教育，通过全息式的方式渗透于不同的学科教学，在日常学习过程中潜移默化地提升综合素养。视觉素养融合教育还需依据受众的年龄属性、媒介的使用特征、社会的现实需求等创新教育理念，设计分段式教育体系，由此制定不同的教育目标、设置不同的教育内容，从而实现基础教育、高等教育、成人教育和老年教育的跨学科分段教育。

（1）视觉素养基础教育。该阶段教育对象是中小学生，他们的媒介行为多会受到教师和家长的监管，处于他律阶段，尚未形成较强的自我约束能力，因此教育形式以学校教育为主、家庭教育为辅。首先，学校针对不同年级的学生制定相应的教育目标，例如低年级主要掌握基本的视觉信息知识及使用能力，高年级需要提高视觉信息的批判、表达能力并树立正确的价值观念。基于此，在语文、政治、美术、信息技术等课程中根据教学的需要自然而然地开展视觉素养教育。譬如，政治课程通过时政新闻帮助学生提升视觉—媒介与信息的认知、批判等能力，信息技术课程通过实际操作帮助学生理解视觉—媒介信息的生产、消费过程知识。其次，家庭需要积极配合学校，承担起视觉素养教育的部分职责，将视觉素养教育融入生活中。家长可以通过热点新闻帮助学生建构积极的认知能力、树立正确的价值观念，通过以身作则来潜移默化地提

升学生的综合素养。

（2）视觉素养高等教育。该阶段教育对象是大学生，他们在媒介行为方面拥有较高的自主权，教师和家长的监管极度弱化，而他们恰好处于从他律转向自律的关键时期，也是价值观发展的重要阶段，尤其需要正确的引导。因此，视觉素养教育需要学校教育与自我教育并重。学校既可以通过设置专门的视觉素养课程，讲授视觉素养的相关知识，也可以将视觉素养教育融入学科教学中，学科教师在教学过程或作业布置中加强学生对视觉—媒介信息的深度认知能力及高阶价值意识的培养，提升他们的自我管理能力，实现视觉素养教育的自我发展。

（3）视觉素养成人教育。该阶段教育对象是走出校园的成年人，他们在媒介行为方面处于极度自由状态，具有更多的媒介参与行为和发言权，而且成年人是一个庞大且分散的群体，难以进行组织与教育。因此针对成年人的视觉素养教育难度较大，教育形式以社会教育和自我教育并重。主要通过社会宣传，由工会、社区、媒体机构等社会多元主体开展视觉素养教育活动，帮助成年人掌握视觉素养中更加专业化的知识以及高阶的感知、参与和分析能力，并建立正确的价值意识。

（4）视觉素养老年教育。该阶段教育对象是老年人，他们是媒介弱势群体，因此教育形式以社会教育为主，家庭教育为辅。媒介技术的发展速度与老年人的媒介认知速度不匹配，导致很大一部分老年人难以掌控媒介行为，更容易盲目依赖或盲目反对信息，甚至给生活带来诸多不便。因此，老年人的视觉素养教育需要引起重视，可以以社区为主体帮助老年人使用手机、分辨视觉—媒介与信息，提升视觉—媒介与信息的认知能力与交互能力。此外，还可以通过子女对老年人的反哺式视觉素养教育，加强老年人的价值意识。

三、拓宽参与体验，丰富视觉素养教育教学形式

视觉素养具有实践内涵，参与性是典型特征，因此视觉素养教育不能离开实践场域独立存在，否则将失去意义。这就需要多主体、多部门协同合作，提供教学材料、组织教学活动、提供实践环境等，注重受众的参与体验，提供丰富的教育教学形式作为学校教育的补充，包括主题式教学、观摩式教学、讲座式教学等。例如，主题式教学主要围绕一个主题，组织受众围绕项目开展相应的知识学习、技能训练和意识培养活动。以"东京奥运会"为例，面向不同的受众群体可以开展不同的视觉素养教育。针对基础教育的低年级学生，家长引导他们观看奥运赛事，分析奥运赛事的转播情况、镜头的拍摄方法以及不同的镜头画面传递的文化、思想等，帮助低龄儿童了解视觉信息的生产和传播知识，并培养他们的画面解读能力。上述实践是一种典型的主题沉浸式教学，内化到日常生活之中，具有良好的教学效果。若针对大学生开展"东京奥运会"主题教学，则需要通过参与体验的方式，引导他们查看、分析不同媒体发布的视觉信息，甄别其虚实并判断价值导向，还可以组织小组进行视觉—媒介与信息的创作，总结视觉—媒介与信息的生产和消费特征，提升他们的实践参与能力、树立正确的价值观念并提高理论道德修养。再如讲座式教学，主要是通过讲座的形式传播教育内容或思想。针对老年人的视觉素养教育可以采用讲座式教学，学校、社区、媒体机构等均可承担讲座式教学活动，根据老年人的特点，面对面教授老年人使用新媒体，提升他们甄别信息真伪的能力、抵御网络欺诈的能力等。总之，视觉素养教育不能局限于课堂教学，而是要根据受众的实际情况通过多种教育方式真正融入实践场域，在真实生活中提升视觉素养。

第二节　视觉素养教育实践案例

　　基于已有理论研究与实践应用，从课程设计和教材设计两个方面进一步阐释视觉素养的教育活动，通过大量理论研究和实践分析提出视觉素养课程设计的要素和流程，使视觉素养课程设计的目标更明确，为视觉素养教育的实施提供可参考的框架。

一、课程设计案例

　　基于对教育技术学本科"视觉素养"课程设计的理论探究，本研究尝试将理论应用于实践。一方面，利用理论指导实践的开展；另一方面，在实践中发现问题并对理论进行修正。以南京师范大学的博雅课程《视觉文化与媒介素养》为依托，将视觉素养的课程目标、课程内容、课程设计评价与课程实施融入其中，实现理论与实践的结合。下面分别选择两次课程内容进行具体分析。

　　1. "视觉素养——你会'看'吗?"之网络图片解析

　　"视觉素养——你会'看'吗?"主要是从基础层面组织与选择课程内容，以培养教育技术学本科生"看"的意识和能力为主，从而提升他们的审美与人文素质。课程内容主要将《视觉文化与媒介素养》课程中的"陶瓷——水火土交融的升华"与视觉素养课程内容中的网络图片解析结合起来。

　　第一，依据已有的课程目标明确教学目标。

　　视觉素养课程目标主要从宏观和微观进行划分，教学目标则是以宏观目标为大的指导方向，并在微观目标的基础上进行更加细致的界定。

因此，"陶瓷——水火土交融的升华"这一章的学习目标从情感、认知和行为三个方面进行明确。情感目标：能够积极地关注传统陶瓷文化和图片，有意识地去深入探究。认知方面：（1）欣赏陶瓷的图案、形状等，分析它的价值和用途等；（2）理解陶瓷的时代、文化等背景，分析其图案、形状传递的不同层面的意义；（3）能够判断不同陶瓷器物创作者的出发点，并能对不同时代的陶瓷器物进行对比，分析其特征，判断其变化原因。行为方面：有意识地去感受陶瓷文化的魅力，从而了解中国传统文化的博大精深。

表7-1 "陶瓷——水火土交融的升华"教学目标

情感目标	积极关注传统陶瓷文化，有意识地进行探究
认知目标	（1）欣赏陶瓷器物的图案、形状等，分析其价值和用途 （2）理解陶瓷产生的时代、文化等背景，分析其传递的多层次的意义 （3）判断创作者的设计出发点，对比不同时代的陶瓷器物，分析其特征演变及原因
行为目标	有意识地去分析、理解陶瓷文化，感受其魅力，进而了解中国传统文化的博大精深

第二，选择与组织课程内容。

选择合适的课程内容并将这些内容以恰当的方式进行组织是课程实施的关键要素之一。由于将网络图片分析与陶瓷一章进行了结合，要符合视觉素养课程内容选择的依据，即以社会环境为中心，以视觉符号为来源，以学生兴趣为导向。因此，在课程内容的选择方面，既有与现代生活密切相关的陶瓷图片解析，又有体现传统文化精髓的古代陶瓷图片解析，充分考虑学生的参与性和创造性，他们可以共享一些他们认为具有价值和意义的图片。在课程组织方面，主要是从纵向方面进行组织，帮助学生在能力的发展过程中自主获取知识，此外还要从综合组织方面，体现视觉素养课程与其他学科知识之间的联系。例如，课堂内容主要是从与生活密切相关的陶瓷用品出发，讨论陶瓷的特点，分析陶瓷的区别，然后引申到体现中国文化精髓的古代陶瓷。课程内容并不是简单地介绍和呈现知识，而是要求学生通过自己已有的知识，通过手机上网、讨论等方式，对陶瓷进行深入分析。因此，课堂内容要从现代生活出发，引导学生通过看见、看懂的方式获取知识和方法。以下是课程内容选择和组织的步骤。

（1）通过欣赏现代生活中的陶瓷，形成陶瓷的基本概念和认识。

图 7-1　生活中的陶瓷①

（2）引导学生思考陶与瓷的区别，并通过一些图片分析什么是陶器，什么是瓷器。

图 7-2　陶与瓷的区别②

---

① 出处：360 智图（白色陶瓷杯加黑咖啡、白汤杯）
② 出处：360 智图（乡村风格的空陶器、国际象棋图片）

（3）分析中国古代不同时期的陶瓷器物的装饰和造型，探索其意义、用途。

图7-3 中国古代不同时期的陶瓷①

（4）分析古代陶瓷文化在现代文化传播中的体现。

图7-4 陶瓷与现代文化②

---

① 出处：360智图（宋代-哥窑青釉鱼耳炉、元代-钧窑紫斑双系罐图片、清乾隆青花云龙海水纹扁瓶图片、清代-珐琅彩瓷器）

② 出处：360智图（福娃长城标志、福娃图片）

（5）知识拓展，分析景泰蓝是否是陶瓷。

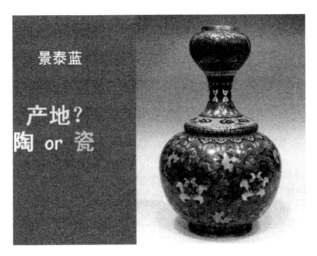

图7-5　陶瓷辨析

（6）学生以小组形式，通过手机上网，选择某一时期的陶瓷进行分析，包括其特征、历史背景等，并与其他任一时代的陶瓷进行对比，找出其区别与原因。

第三，评价教学目标和课程内容。

为了增强课程目标的可行性和课程内容的合理性，主要通过前设性评价和后置性评价对课程目标和内容进行评价。首先，前设性评价主要是依据第七章对课程目标和课程内容评价的几个方面进行评价，并将课程目标和内容分别发给已开设视觉素养课程的五位大学教师，请他们进行评价。其次，后置性评价主要是对课程的结果进行预期分析，主要判断学生情感、认知和行为方面的变化。

（1）教学目标与课程内容的前设性评价

教学目标的前设性评价主要是判断：①教学目标是否符合课程设计的理念；②教学目标是否能够促进学生的素质培养、个性发展、能力提升等；③教学目标的可操作性。

课程内容的前设性评价主要是判断：①课程内容与教育技术学本科生当前的知识水平的适应程度；②课程内容与教育技术学本科生生活环境的关联程度；③课程内容与其他学科的关联程度；④课程内容与教育技术学本科生的情感、态度、价值观的关系程度；⑤课程是否能够带给学生新的情感和体验。这几方面的评价能够判断课程内容整体结构和单元结构的合理性和可行性。

表7-2　教学目标和课程内容的前设性评价

教学目标的前设性评价		课程内容的前设性评价	
评价题目	平均分数	评价题目	平均分数
1. 教学目标是否符合课程设计的理念	95	1. 课程内容与教育技术学本科生当前的知识水平的适应程度	93
2. 教学目标是否能够促进学生的素质培养、个性发展、能力提升等	素质培养：94	2. 课程内容与教育技术学本科生生活环境的联系程度	90
	个性发展：87	3. 课程内容与其他学科的关联程度	89
	能力提升：93	4. 课程内容与教育技术学本科生的情感、态度、价值观的关系程度	94
3. 课程目标的可操作性	95	5. 课程是否能够带给学生新的情感和体验	95

通过前设性评价发现，在教学目标中，对学生个性发展的体现不足；在课程内容方面，与其他学科的关系程度不够高。因此，需要在教学目标和课程内容方面进行进一步调整。

（2）课程设计的后置性评价

后置性评价主要是预测学生在情感、认知和行为方面的变化，通过课堂题目判断学生情感和认知方面的变化，而行为变化则需要通过多方面进行评价。

第四，课程实施和评价。

课程实施主要是在参考课程目标、教学目标的基础之上，依据课程内容，选择课堂教学法。教学媒体主要是多媒体，教学组织形式以小组合作为主，教学方法主要以讲授法、讨论法为主。其中，充分利用现代的移动学习优势，要求学生以小组合作的形式，利用手机上网查找相关资源，共同完成课堂作业。通过学生课堂作业的完成情况，评价学生参与的积极性以及对该课堂内容的掌握情况。结果发现，大多数学生都比较积极地参与到移动学习以及小组合作讨论中去，他们通过查找一些图片，能够比较准确地分析图片的特征以及背景，并形成自己的观点和看法。

2. "视觉素养——你会'画'吗?"之视觉表征案例

"视觉素养——你会'画'吗?"是从专业层面对课程内容的选择与组织。专业层面的视觉素养课程设计是从学生的专业能力、就业需求等方面出发，有助于学生专业能力的发展，使之更好地适应工作需要。这部分内容以知识可视化理论与实践为参考。实践的课程内容主要将《视觉文化与媒介素养》课程中的"知识可视化理论与应用"与视觉素养课程内容中的"视觉表征案例——思维地图"结合起来。

第一，依据已有的课程目标明确教学目标。

"知识可视化理论与应用"这一章的学习目标从情感、认知和行为三个方面进行明确。情感目标：发展借助思维地图理解与表征知识、想法等的意识与态度，并将之应用到人际交流之中。认知目标：（1）了解视觉表征的基本概念和内涵，分析一些视觉表征的案例，从而深入理解视觉表征的价值与意义；（2）掌握思维地图是什么、思维地图的设计来源、思维地图的类型和特征等方面的知识；（3）学生能够恰当地选用思维地图进行视觉表征，并进行创新应用。行为目标：提高学生在知识传播过程中利用思维地图辅助学习和交流的素养。

表7-3 "陶瓷——水火土交融的升华"教学目标

情感目标	发展借助思维地图理解与表征知识、想法等的意识与态度，并将之应用到人际交流之中
认知目标	（1）了解视觉表征的基本概念和内涵，分析一些视觉表征的案例，从而深入理解视觉表征的价值与意义； （2）掌握思维地图是什么，思维地图的设计来源，思维地图的类型和特征等方面的知识； （3）学生能够恰当地选用思维地图进行视觉表征，并进行创新应用
行为目标	提高学生在知识传播过程中利用思维地图辅助学习和交流的素养

第二，选择与组织课程内容。

由于将思维地图的内容与"知识可视化理论与应用"一章进行结合，是从专业层面对课程内容进行选择和组织。因此，既要依据视觉表征的理论，又要充分体现对视觉表征的具体应用，使学生在做中学。在课程组织方面，主要是从纵向方面进行组织，帮助学生通过知识的获取发展对知识进行表征的能力。例如，课堂内容从知识表征的基本理论出发，通过问题层层吸引学生对知识表征的兴趣，了解知识表征的类型，然后进一步对知识的视觉表征进行深入探究，通过一些具体的案例帮助学生认识到视觉表征的价值与意义，从而激发他们对视觉表征的应用。课堂内容仍然围绕生活，选用学生熟悉的内容，引导学生观看、思考和应用。课程内容的选择与组织主要有如下步骤：

（1）通过对知识的了解帮助他们进一步认识知识可视化、视觉表征等概念。

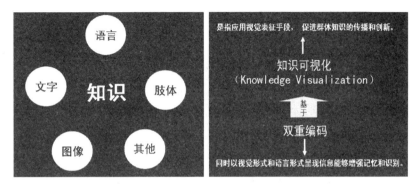

图7-6 知识可视化

（2）分析具体的视觉表征案例，引导学生认识视觉表征的价值与
意义。

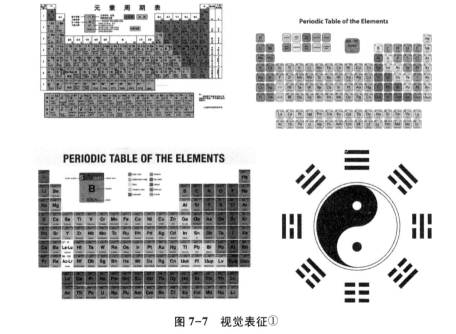

图7-7 视觉表征①

———————————

① 出处：360智图（元素周期表、元素周期表、元素周期表-化学、八卦矢量图）

（3）分析思维地图的概念、依据、类型和特征，将案例与内容相结合，做到形象生动。

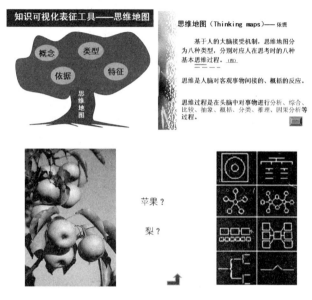

图 7-8　思维地图

（4）分析以前的思维地图案例，判断绘制者选用的思维地图是否恰当，如何修改，从而判断学生对思维地图的掌握情况。

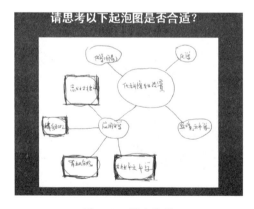

图 7-9　学生作品

（5）课堂作业：要求学生应用课堂所学知识。选择合适的思维地图表征与专业相关的知识。

第三，评价教学目标和课程内容。

通过前设性评价和后置性评价对课程目标和内容进行评价。前设性评价与陶瓷案例相同，将课程目标和内容分别发给已开设视觉素养课程的五位大学教师，请他们进行评价。后置性评价主要是对课程的结果进行预期分析，主要判断学生情感、认知和行为方面的变化。

（1）教学目标与课程内容的前设性评价

对教学目标的前设性评价主要是判断：①教学目标是否符合课程设计的理念；②教学目标是否能够促进学生的素质培养、个性发展、能力提升等；③教学目标的可操作性。

对课程内容的前设性评价主要是判断：①课程内容与教育技术学本科生当前的知识水平的适应程度；②课程内容与教育技术学本科生生活环境的联系程度；③课程内容与其他学科的关联程度；④课程内容与教育技术学本科生的情感、态度、价值观的关系程度；⑤课程是否能够带给学生新的情感和体验。这几方面的评价能够判断课程内容整体结构和单元结构的合理性和可行性。

通过前设性评价发现，在教学目标中，与陶瓷的实践案例相比，该案例的设计操作性更强，对学生的个性发展也有了一定的突出，但是对学生的素质培养可能存在一定的欠缺；在课程内容中，相比陶瓷案例，也是有了一定的提升，特别是与教育技术学本科生生活环境的联系程度加强了。

表7-4 教学目标和课程内容的前设性评价

教学目标的前设性评价		课程内容的前设性评价	
评价题目	平均分数	评价题目	平均分数
1. 教学目标是否符合课程设计的理念	93	1. 课程内容与教育技术学本科生当前的知识水平的适应程度	95
2. 教学目标是否能够促进学生的素质培养、个性发展、能力提升等	素质培养：90	2. 课程内容与教育技术学本科生生活环境的联系程度	96
	个性发展：94	3. 课程内容与其他学科的关联程度	93
	能力提升：92	4. 课程内容与教育技术学本科生的情感、态度、价值观的关系程度	89
3. 课程目标的可操作性	96	5. 课程是否能够带给学生新的情感和体验	93

（2）课程设计的后置性评价

后置性评价主要是预测学生在情感、认知和行为方面的变化，通过学生对思维地图的绘制可以判断学生情感和认知方面的变化，但是，行为变化仍然难以测量。

第四，课程实施和评价。

课程实施参考课程目标和教学目标，依据课程内容，从而选择合适的课堂教学法。教学媒体主要是多媒体，教学组织形式以小组合作为主，教学方法主要以讲授法为主。课堂最后，要求学生根据所学知识将思维地图应用到实践中，表征与专业相关的知识或进行自我介绍。通过对学生绘制的思维地图进行解析，大多数学生已经掌握了思维地图的基本概念并能够正确使用。图7-10是学生的创作作品。

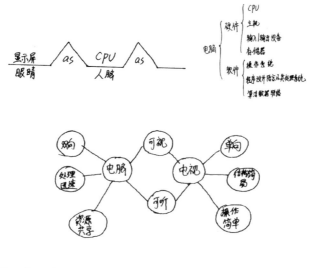

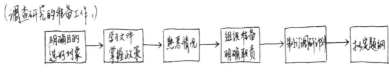

图7-10　学生思维地图作品

二、教材设计案例

《周易·系辞上》说："形而上者谓之道，形而下者谓之器。"古人制器用器，目的其实并非仅限于器物本身，而是重在以器载道。[①] "器"与"道"是中国传统哲学中的重要范畴，"器"通常指器具或用具，供人所使用，是有形之物，[②] "道"为无形之意，体现了世界万物的内涵。中国传统文化的物质性存在便是"器"与"道"的共生之物，

---

① 冯时. 器以载道 [J]. 读书，2020（4）：102-111.
② 马鸿霞，朱德全. 器以载道与学以成人：智能化时代教学价值的逻辑理路 [J]. 中国电化教育，2020（4）：42-50.

中华民族的精神之道赋予生活中的衣、食、住、用之器，映射出历史的发展痕迹。《视觉文化与媒介素养》中的中篇——生活家园体验，便是通过感悟生活中的衣、食、住、用等视觉对象所包含的文化内涵，透过现象看本质，解析生活器物中被赋予的丰富内在信息，体会先人的生活情趣品位，把握优秀传统文化历史的来龙去脉，由"器"至"道"增强读者对生活视觉对象的解读和感悟能力，深刻体验生活家园的精神魅力。

（一）设计缘由：技术视域下传统文化的器道分离

伴随新兴信息技术与媒介的深度融合，摄像头、手机、可穿戴设备等技术产品成为人与社会建立关系的日常媒介，并由此重构人们的视、听、触等感官体验。不置可否，技术的发展为传统文化的传播带来前所未有的便利，使传统文化之"器"成为人们唾手可得的数字化资源，逐渐走向大众化。尤其是虚拟现实、元宇宙等技术的出现，人们不仅可以隔着屏幕观看，甚至可以"走入"虚拟场景与传统文化进行互动，构建了"身在其中"的"在场"新内涵。例如 2021 年 6 月，中国首个游戏实体家园"天衣别院"落户湖南湘西芙蓉镇，将"天涯明月刀"的游戏场景与芙蓉镇土家族建筑特色和非遗技艺深度融合，让玩家线上线下深度体验非遗文化。① 福建泉州市也推出元宇宙项目，计划将世界遗产打造成虚拟现实形式。可以说，技术以丰富多样的形态扩容传统文化的表征，将传统文化转换成数字化器物进行推广。使人们能够更为直观和方便地了解我国悠久的传统文化。

然而，技术改变的只是传统文化的器物层面，并未触动其理念层面，这种技术视域下的传播逻辑也在一定程度上对传统文化产生了挑战

---

① 肖波. 虚拟世界的文明力量：文化遗产牵手元宇宙的三重维度［J］. 东南文化，2022（3）：137-139.

与冲击。无论是人们的观看行为还是观看场域都已打破"眼见为实"的客观逻辑，走向"虚实结合"的主观逻辑。① 法国哲学家维利里奥认为视频通信、全息摄影和计算机制图等技术发明使图像进入"逻辑反常时代"，物体或生灵实现了远距离远程在场，② 这是一种跨时空的反常在场。物体已经脱离了直接或间接的观察，客观现实让位于机器分析，"所见即所得"的视觉思维被颠覆。抖音、微博等逐渐改变人们的阅读行为，人们处于"无尽的点击—恍惚"状态，沉迷于视觉和信息狂欢带来的快感，导致信息消费目的与结果背道而驰。碎片化、速成化的阅读成为习惯，人们对于网络内容多是快速浏览，鲜有理性和深入分析，导致深度思考和注意能力频频降维。西蒙指出"信息消费接受者的注意力，大量的信息会带来注意力的不足"③ 之后，澳大利亚学者罗伯特·哈桑进一步提出：人们在信息面前的软弱正日益变成一种病态，即慢性注意力分散，这对认真思考能力提出了巨大挑战。④ 此外，在我们的"眼睛"可以看得更多、更远的同时也不可避免地带来想象力的伤害。因此，纵使有丰富的传统文化资源摆到人们面前，却未必能引发人们对传统文化的共鸣，更疏于上升至"道"的层面去深入感悟传统文化的精髓。这将导致传统文化在传播过程的"器"与"道"发生背离。

（二）设计思想：道不离器——《视觉文化与媒介素养》中的传统文化中符号的创新表现

　　面对技术对传统文化中"器"与"道"关系的消解，传统文化教

---

① 申灵灵，周灵，吴文涛. 媒介融合时代 V-MIL 教育的内容模型与实践路径 [J]. 现代远程教育研究，2021，33（6）：40-48.

② 维利里奥. 视觉机器 [M]. 张新木，魏舒，译. 南京：南京大学出版社，2014.

③ 哈桑. 注意力分散时代 [M]. 张宁，译. 上海：复旦大学出版社，2021：104.

④ 哈桑. 注意力分散时代 [M]. 张宁，译. 上海：复旦大学出版社，2021：104.

育尤为重要。2017年中共中央办公厅、国务院办公厅印发《关于实施中华优秀传统文化传承发展工程的意见》，强调将中华优秀传统文化融入教育各环节，贯穿于教育各领域，强调以课程教材为重点构建"中华文化课程和教材体系"①。南京师范大学视觉文化研究所在二十年的理论研究与教学实践基础上完成并修订了教材《视觉文化与媒介素养》，旨在帮助学习者更全面准确地认识和理解中国优秀的传统文化。中国传统文化内容丰富，其中《视觉文化与媒介素养》的中篇——生活家园体验以贴合人们生活的衣、食、住、用为主线，解读其中的文化内涵与发展脉络。教材的形式以纸质版为主，帮助学生在浮躁的现代社会沉浸于书籍之中，用心感悟悠久的传统文化。此外，为了丰富教材的内容，还通过二维码扩充了数字化资源，使得传统文化的呈现更加多样化。

1. 以历史为纵向脉络，呈现传统文化之"器"的符号演变

生活家园篇的传统文化以历史的发展脉络为主线，沿着历史背景解析传统文化符号的演变与特点。

案例1：书中第五章服饰文化是中国传统文化中重要的组成部分。其历史源远流长，从原始社会、商周、春秋战国、秦汉、魏晋南北朝、隋唐、宋辽夏金元、明、清直到近现代乃至现代，都以独到、鲜明的特色为世界所瞩目。秦代服饰样式比较简单，总体以冷峻而严肃的服饰风格示人。秦时男子多以袍服为贵，袍是继深衣之后出现的一种长衣，始见于战国。袍服的样式以大袖收口为多，一般都有花边。汉代服饰的繁荣发展是建立在秦朝服饰文化基础之上的，自秦而汉，深衣有了一定的发展和变化。西汉时典型的女子深衣，有直裾和曲裾两种，裁剪已经不同于战国深衣。西汉男子深衣外衣领口詹宽至肩部，右衽直裾，前襟下

---

① 关于实施中华优秀传统文化传承发展工程的意见［N］. 人民日报，2017-01-26.

垂及地，为方便活动，后襟自膝盖以下作梯形挖缺，使两侧襟成燕尾状。汉代女子劳动时喜欢上着短襦，下着长裙，敝屣上面装饰腰带长垂；汉代男子劳动时上着短襦，下着犊鼻裈，并在衣外围罩布裙，这种装束士农工商皆可穿着。朴素的大众服饰风格并不能简单掩盖汉代服饰的成就。

案例2：书中第八章中国古建筑，从发展的进程考察古建筑的"语言系统"。古建筑结构由粗犷走向细腻，形式由单一走向多样，在各个历史阶段，建筑的外形都在不断地发展、进步。在夏商之前的原始社会时期，穴居是非常普遍的。这一时期的人类建筑，作用大于形式，居住功用大于外观审美，房屋形式简单，构建粗糙。秦王朝历史虽然短暂，但在建筑历史上留下深远影响，千载以后仍为世人所仰叹。阿房宫、骊山陵、万里长城，以及通行全国的驰道和远达塞外的道路，工程浩大宏伟，对后世建筑的发展产生了巨大影响。汉代兴建的长安城、未央宫、建章宫、上林苑和诸多的礼制建筑，也都是十分宏伟壮丽。这一时期建造的大规模都城与大尺度、大体量的宫殿，都令人印象深刻。到了隋、唐时期，国力强盛，建筑气魄宏伟，严整开朗。这时期建造的两座都城——长安城与洛阳城，是当时世界上规模最大的城市。如长安城南北8651.7米，东西9721米，城内除了宫城与皇城外，还有108座由坊墙围绕的里坊与东西市，建筑群规模惊人，同一历史时期的世界建筑群中无出其右者。宋代时期的建筑一改唐代雄浑的特点，建筑体量较小，绚烂而富于变化，呈现出细致柔丽的风格，出现了各种复杂形式的殿、台、楼、阁。元明清时期的建筑，虽然在单体建筑的技术和造型上日趋定型，但在建筑群体组合、空间氛围的创造上，取得了显著的成就。此时期建筑组群院落重叠纵向扩展，与左右横向扩展配合，通过不同封闭空间的变化来突出主体建筑。其中以北京的故宫与四合院为典型。

从历史的发展脉络，我们可以用自己的眼睛真实地看到传统文化之"器"的符号演变，犹如一段鲜活的场景再现，带给学习者充分的想象空间。

2. 以文化为横向脉络，阐释传统文化之"道"的理念内涵

古人制器，无不以器体现思想，如鼎有房源之别，圆鼎象天，方鼎象地。[①] 可以说，如果历史的纵向脉络是让人们对传统文化的符号特征知其然，那么文化的横向脉络则是让人们对传统文化的符号演变知其所以然，启发人们从深层次的角度理解传统文化之"道"的理念内涵。

案例1：从书中第五章服饰文化我们可窥见服饰的特点与变化，这些变化的推动因素离不开历史背景下的文化内涵。例如，历史上的秦朝，实现了政权的统一。大一统的封建帝国，为服饰的综合发展提供了稳定的社会背景。秦始皇崇信"五德终始"说，自认以土德得天下，崇尚黑色。秦始皇本人废周代六冕，常服通天冠，郊祀时只着"袀玄"（一种祭祀礼服），上衣下裳同为黑色的大礼服。嫔妃服色以迎合秦始皇个人喜好为主，基本受五行思想的影响。而且不同地位的人具有不同的服饰要求。三品以上的官员穿绿袍，一般庶人穿白袍。官员头戴冠，腰佩刀，手执笏板（上朝用的记事工具），耳簪白笔（上朝用于记事）。百姓、劳动者或束发髻，或戴小帽、巾子，身穿交领、窄袖长衫。而博士、儒生是秦代十分重要的阶层，他们的服饰则表现出独特的一面，既拘泥于古礼，又有所变革。他们的衣服虽然和当时流行的服装款式有所不同，但质地却是一样的。博士、儒生们衣着很朴素，通常是冬天穿缊袍，夏天穿褐衣，即便居于朝中，衣着也是一般，基本都谈不上华丽。农民的服装主要是由粗麻、葛等制作的褐衣、缊袍、衫、襦等。奴隶和刑徒最明显的服饰标志是红色，即史书上所说的"赭衣徒"。这些人都

① 冯时. 器以载道 [J]. 读书，2020（4）：102-111.

不得戴冠饰，只允许戴粗麻制成的红色毡巾。

案例2：书中第八章中国古建筑的演变特征十分突出，这些演变也离不开文化内涵的推动。例如，老子提出"天人合一"观点，认为人是自然界的组成部分，主张人与自然和谐共生。这一观念同样影响了建筑的聚落选址、总体布局、室内外环境设计布置，以及取材及营造技术各方面。中国古代房屋以"负阴抱阳、背山面水"为选址的基本原则和格局。古代风水学中，认为山体是大地的骨架，也是人们生活资源的天然库府，水域是万物生机之源泉。背靠高山，面对江河，坐北朝南，享受最充足的阳光，是修建房屋的最佳位置。这也体现了人渴望与自然相融合，从而达到天时、地利、人和的最佳居住环境。紫禁城的"紫"是指紫微星垣。我国古代天文学家将天上的星宿分为三垣、二十八宿和若干其他星座。三垣指太微垣、紫微垣和天市垣。紫微垣是中垣，又称紫微宫、紫宫，它在北斗星的东北方。"太平天子当中坐，清慎官员四海分"，古人认为那是天帝居住的地方。再如，"家国同构"对建筑的影响也是深远。在中国，宗法制度兼备政治权力统治和血亲道德制约的双重功能。虽然历经动乱，社会经济形态、国家政权形式多有变迁，但构成中国社会基础的始终是由血缘纽带维系着的宗法性组织——家族。"家"在中国古代是社会的基本细胞。"家族"与国家在组织、结构方面是一致的，国是大的家，家是小的国，具有"家国同构"的特征。在这样一种社会特征之下，一切思考均由"家"开始。家，是社会思考的基本单位。这一点，在建筑上有着深刻的反映。北京典型的四合院住宅，可以说是一个中国封建大家庭在建筑上的缩影。以家为起点的特征，导致中国古代建筑具有以"住宅"为发展原型的特征。

基于文化的横向脉络，我们可以在传统文化之"器"的基础上进一步感悟其"道"，与历史的横向脉络架构经纬，促进学习者对传统文化的深度感知。

三、设计实践：器以载道——《视觉文化与媒介素养》中的现代综合素养培养的实践实现

中国传统文化所理解的器并非止于器，而是知识与思想的载体。[①]因此，对传统文化的认知不能满足于对器物性质特点的描述，而是要通过器见人睹事，否则我们就会与己身文明的精神蕴含失之交臂。《视觉文化与媒介素养》帮助学习者从知识、能力和价值三个层面去理解和吸纳传统文化，做到"目以见器，心怀以道"，在信息泛滥、文化交织的现代社会提升读者们的文化自信，培养读者们的视觉—媒介信息综合性素养。

1. 建构传统文化的知识框架，提升文化底蕴

对于素养教育而言，实践过程完全可以从知识结构的构建开始，在知识与思维的双重协奏中，素养得以生成。[②]只有掌握了传统文化的基本知识，才可进一步思考和理解传统文化的内涵。以《视觉文化与媒介素养》第六章中华美食为例，该章首先介绍了传统的菜系，让学习者认识中国古今、大江南北的菜系特点。首先介绍了八大菜系，从其内容和特征到烹饪工艺再到调味工艺，在学习中全面了解我国的地方饮食。其次通过主食的南米北面，介绍南北的差异。例如文中将其描述为"中国拥有着广袤的国土，自然地理也变化多样，由于自然条件和数千年饮食习惯的影响，让生活在不同地域的中国人享受到截然不同的丰富主食。由于我国自然环境、气候条件、民族习俗等的地域差异，各地区和各民族在饮食结构和饮食习惯上又有所不同，其饮食文化更是丰富多

---

① 冯时. 器以载道 [J]. 读书，2020（4）：102-111.
② 冯友梅，颜士刚，李艺. 从知识到素养：聚焦知识的整体人培养何以可能 [J]. 电化教育研究，2021，42（2）：5-10，24.

彩,各个地区别具风格。北方人重面之鲜感,南方人重面之汤料"。最后,又介绍了中国传统的饮品——茶,从茶叶到茶具再到茶艺,将茶文化娓娓道来。此外,教材中还附有知识拓展的二维码,为学习者提供更加丰富的资源。

2. 培养传统文化的认知能力,激发文化传承

认知心理学认为认知就是信息加工,[①] 是对信息进行的判断、筛选、分类、排序、分析、研究和组织[②]等一系列的思维过程,目的是对信息去粗取精、去伪存真。对传统文化的认知是在知识的基础上进一步加工和理解。《视觉文化与媒介素养》通过解析一些内涵以及相关练习帮助学习者提升认知能力。例如第六章中华美食,前面介绍完相关知识之后,第三节"优秀传统文化的折射与呼应"便从节庆、审美以及生活态度三个角度了解中国美食体现出的文化精神特质。首先介绍了美食与节庆文化交相呼应,我国的节日文化与饮食文化密切联系,比如春节要吃饺子、端午要吃粽子、元宵要吃汤圆、中秋要吃月饼,这些食物往往都与中国传统节庆密不可分。其次指出美食折射的传统审美观念,例如月饼的形状为圆形,中秋节也是在月圆时刻,中国人对圆的这种审美观点,已经成为全民族的审美共识,渗透着对它无限向往和追求的情感。在中国的传统文化节日中,"圆满"代表着一种成功和境界。"圆满"成为团聚、幸福、美满、吉祥如意的代名词。最后指出美食反映的中华民族精神追求。比如,人们祈盼各种庄稼作物顺利生长发育乃至最终获取丰收,因此会利用象征食物来表达"五谷丰登""六畜兴旺"的美好愿望,如汉族的腊八粥、隔年饭,满族的饽饽、献场糕,朝鲜族

---

① 唐挺,马哲明. 信息消费过程中的信息加工模型研究 [J]. 图书情报工作,2007 (10):37-40.
② 石共文,吕耀怀. 信息加工中的主要问题及其伦理对策 [J]. 图书馆理论与实践,2014 (6):41-45.

的五谷饭，柯尔克孜族的克缺饭，土族的麦仁饭，土家族的合菜，纳西族的大锅饭，哈尼族的黄饭、红蛋，瑶族的鸟籽把，藏族、珞巴族的酥油糌粑，毛南族、布依族、仫佬族的五色糯米饭等。这些内涵的解析帮助学习者提升思维的能力，从而形成自己的认知模式。此外，教材中还通过"学习互动与思考"模块让学习者独立思考，举一反三。譬如，第六章的习题：通过对这些食物庆贺习俗的了解，请使用自己的语言解读并体会和学习中国的饮食文化、传统文化，并以"符号—能指—所指"语义三角形、所指意义层次图或"形而上—形而下"示意图进行图文并茂的表达，这便是让学生从传统文化之"器"的层面上升至"道"的层面来深入认知文化内涵。

3. 生成传统文化的价值意识，促进全面发展

价值意识是人脑的含有价值信息的活动，① 对信息的好、坏、应当、不应当等进行判断和内化。传统文化教育的最终目标是帮助受众树立正确积极的价值观念、提升文化自信。因此，《视觉文化与媒介素养》在内容模块和"反思与实践探索"模块注重对学生价值意识的培养。例如第八章日用点滴中，使用了案例——北京奥运会奖牌设计，奥运奖牌"金镶玉"，喻示中国传统文化中的"金玉良缘"，体现了中国人对奥林匹克精神的礼赞和对运动员的褒奖。以"金镶玉"为创意的北京奥运会奖牌挂钩由中国传统玉双龙蒲纹璜演变而成。整个奖牌尊贵典雅，中国特色浓郁，既体现了对获胜者的礼赞，也形象诠释了中华民族自古以来以"玉"比"德"的价值观，是中华文明与奥林匹克精神在北京奥运会形象景观工程中的又一次"中西合璧"。这是对学习者价值观的引导，帮助他们提升对祖国文化的自信。再如第六章中华美食中的"反思与实践探索"中让学习者"反思如何才能让中国传统文化和

---

① 韩东屏. 论价值意识 [J]. 江汉论坛，2012（10）：78-83.

传统美食文化发扬光大？中国传统文化与现代文化如何才能有效融合"，由此帮助他们提升对传统文化的认知和内化，并促进学习者积极主动地观看、以符合道德规范的方式获取知识、表达自我能力以及协同能力等终身学习能力。

四、总结

中国传统文化的传承与发扬是以器载道，是在"器"的基础上深入理解文化的精神底蕴，上升至"道"的层面促进自我的发展。《视觉文化与媒介素养》教材恰恰致力于传承中华优秀传统文化，以"人的发展"为宗旨开展传统文化教育，注重"器道合一"，增强人们对文化的认识与认同，提升文化自信，激发传承与发扬中华优秀传统文化的自觉意识，从而促进中华优秀传统文化的对外传播与多元文化的交融。

第八章

技术进化视域下视觉素养教育评价

视觉素养教育不同于具体的某学科课程（如语文、英语等），它没有成熟的设计要求或标准，其本身的能力也难以进行量化，因此视觉素养教育评价具有一定的难度。但是，为了明晰视觉素养教育的价值，有必要对视觉素养教育进行评价，并将视觉素养教育评价分为前设性评价和后置性评价。

第一节　视觉素养教育的前设性评价

视觉素养教育的前设性评价主要是解决视觉素养课程设计、教学设计的合理性和可行性问题，当前设性评价应用到视觉素养教育中时，它需要与教育对象的特征和视觉素养教育的过程相结合，才能真正解决视觉素养教育的评价问题。视觉素养教育以特定的理念为指导，包含课程目标的制定和课程内容的选择与组织，因此前设性评价主要囊括：第一，对视觉素养教育理念的评价；第二，对视觉素养教育目标的评价；第三，对视觉素养教育内容的评价。

一、视觉素养教育理念的评价

"理念"是一个源于西方的概念，最初从古希腊的"看"（idein）而来，人们看到的通常都是事物外观和形象，于是其最初含义为"形象""形式"等。后来，一些哲学家开始对理念进行了阐释，从苏格拉底到柏拉图、亚里士多德、康德、黑格尔等，尽管当代的"理念"已经泛化，但仍带有一定的哲学色彩。我国古代并无"理念"一词，后来随着西方文化的渗入，我们也开始对理念有了不同阐释。张楚廷教授认为"对理念一词，已经用得很多，事实上存在着各种不同的理解。我想理念包含两方面的内容：理想和信念。理想和信念合称为理念，从字面上看也比较吻合。我们笃信什么，我们追求什么，或者说我们从哪里出发，我们走向哪里，这两方面构成了理念。"① 视觉素养课程设计的理念关于"从哪里开始以及走向哪里"，为课程设计提供指导和方向。对视觉素养课程设计的理念主要从两个方面进行评价：第一，是否是从学生的发展出发；第二，是否符合社会需求和教育方向。

1. 视觉素养教育理念是否是从学生的发展出发

视觉素养教育的关键依据是视觉素养的内涵本质，本书第一章已经对视觉素养进行了详细的分析与界定，并以特定的教育对象——教育技术学本科生为例，分析他们对视觉素养的需要，从视觉和素养维度界定了教育技术学本科生应该具备的视觉素养的内涵。这种内涵界定建立在对教育技术学本科生学科特征、学习特征和就业特点的分析之上，通过问卷调查、访谈等方式获取信息，而不是简单地将已有的视觉素养定义

---

① 张楚廷. 新世纪：教育育人［J］. 高等教育研究，2001（1）：23-28.

不加分析地拿来应用。此外，尽管视觉素养对于教育技术学本科生变得越来越重要，但是开设视觉素养相关课程的高校甚少，对视觉素养培养关注不够。鉴于此，本研究对教育技术学本科生开展视觉素养教育进行研究，希望通过此研究能够引起教育者对视觉素养及视觉素养教育的重视。因此，视觉素养课程设计基于对教育技术学本科生的调查研究，具有明确的针对性，符合学生发展。

2. 视觉素养教育理念是否符合社会需求和教育方向

视觉素养课程设计分为两个层面，一是以文化素质教育为方向，是课程设计的基础层面；二是以知识可视化为方向，是课程设计的专业层面。课程设计的基础层面是把学生置于整个社会环境中，作为普通的个体，他们需要接受什么样的视觉素养教育；而课程设计的专业层面则是把学生置于教育技术学专业中，作为特殊的个体，他们需要接受什么样的视觉素养教育。基础层面是为了使学生适应迅速发展的信息化时代和读图时代，专业层面则是帮助学生完善专业能力，使他们成为既有个性又能全面发展的人才。当前社会发展需要多类型、多层次的人才，这也是社会对高校教育提出的客观要求。当前我国高校的教育观念和社会需求是一致的，主要体现为[①]：（1）从单一的专业教育向综合素质教育转变；（2）从关注专业知识、专业技能向知识、能力、素质三者的有机结合转变；（3）从培养专业化的人向培养合格的社会公民即全面和谐发展的人转变；（4）从让学生掌握知识向让学生理解知识转变，人才教育培养从"适应性"转向"创新型"，从"共性"转向"共性"与"个性"相结合；（5）让学生从专业化生活领域向自主性、创造性生活领域转变，引导大学生追求高品位的精神生活。视觉素养课程设计既立

---

① 韩延伦. 大学生文化素质教育课程设计研究［D］. 上海：华东师范大学，2003：118.

足于培养学生的文化素质，又注重发展学生的专业能力；既突出学生的个性培养，又兼顾学生的全面发展。因此，视觉素养课程设计的理念适合当前社会需求和教育观念，具有社会价值和教育意义。

二、视觉素养教育目标的评价

对教育技术学本科视觉素养教育目标的评价主要是两方面：第一，教育目标是否基于教育的理念；第二，教育目标实现的可行性。

1. 视觉素养教育目标是否基于视觉素养教育理念

视觉素养教育的理念基于学生的发展需求，以视觉符号解读和知识可视化为方向。本书第五章对教育目标的制定进行了详细阐述，将教育目标分为两部分，一是以文化素质教育为方向的基础目标，提升学生对于符号表征的能力和素质；二是以专业能力完善为方向的专业目标，提高学生知识可视化的能力。无论是基础目标还是专业目标，都注重学生个性的培养、能力的提高、创新的发展等，并且都以学科方向、社会需求和学生发展为目标制定的依据，因此目标的制定符合视觉素养教育的理念，未脱离实际。

2. 视觉素养教育目标实现的可行性

视觉素养教育目标的可行性主要是指教育目标在课程实施过程中是否符合教学活动的基础，是否能够为教育者所理解和认可，并能够在实际教学活动中得到落实。基于此，我们对教育技术学本科视觉素养课程目标可行性的判断主要基于以下问题：（1）视觉素养教育被认识和接受的程度；（2）视觉素养教育的基本要素，包括教材、教师等。

从国外的视觉素养课程研究发现，很多视觉素养研究者和实施者都是来自教育技术、教学技术等相关专业，他们认为教育技术课程培养出来的学生具备资源开发的能力，但是资源的可用性相对不高，通过培养学生的视觉素养弥补学生的专业能力是需要的。在国内教育技术学专业内开设视觉素养课程的高校不是很多，但是也在逐渐发展和增多，例如南京师范大学、徐州师范大学、温州大学等，说明视觉素养课程逐渐被认可和接受。目前，担任视觉素养课程的教师不是很多，但是南京师范大学教育技术学专业从事视觉文化与媒介素养的硕士和博士在走向工作岗位后也在逐渐发展视觉素养事业，例如河南大学的赵慧臣博士开设了视觉素养课程，南京工程学院的刘传杰也申请到视觉素养公开课。总之，越来越多的教育技术学者注重将视觉素养教育融入教育技术学中。另外，对于视觉素养课程教材而言，相对较少，南京师范大学张舒予教授编著的《视觉文化与媒介素养》是专门的针对媒介素养和视觉素养课程的教材，此外针对性的教材是少之又少。但是随着视觉素养教育的发展，研究者会编制更多相对应的教材。因此，从视觉素养课程的认可度和相关的教师队伍发展、课程教材编制来看，教育技术学本科视觉素养课程目标实施的可行性是很大的。

三、视觉素养教育内容的评价问题

评价视觉素养教育的内容，实质是评价内容选择和组织的合理性与可行性。针对教育技术学本科生开设的视觉素养教育是将文化素质教育与专业教育融合在一起的课程，教育内容的选择和组织以课程目标为参考，但并不意味着它们之间存在一一对应的关系。教育目标不只是为课程内容划定范围，更重要的是确定内容的价值。

评价视觉素养教育内容的选择是否具有合理性和可行性，可以通过以下方面判断：（1）教育内容与教育技术学本科生当前的知识水平的适应程度；（2）教育内容与教育技术学本科生生活环境的联系程度；（3）教育内容与其他学科的关联程度；（4）教育内容与教育技术学本科生的情感、态度、价值观的关系程度；（5）教育内容与教育技术学学科的关联程度。根据这些方面，我们可以判断视觉素养课程内容的合理性和可行性。

评价教育内容的组织是否具有合理性和可行性，主要在内容的整体、衔接方面进行判断。视觉素养教育内容以主题的形式组织课程内容，但是各主题之间并非完全割裂，而是要建立关联，符合逻辑体系。教育内容的横向组织体现了整体性，教育内容的纵向组织体现了衔接性。可以通过以下问题评价教育内容组织的合理性和可行性：（1）深浅程度是否符合学生的发展水平；（2）是否培养学生的知识、能力、修养的综合发展；（3）是否能够带给学生新的情感和体验。（4）是否将不同主题的内容进行很好的衔接。这几方面的评价能够判断课程内容在整体结构和单元结构的合理性和可行性。

第二节　视觉素养教育的后置性评价

前设性评价主要着眼于对教育理念、教育目标、教育内容选择和组织的评价，在视觉素养教育实施之前判断教育实施的合理性和可行性。后置性评价主要是"着眼于我们所设计的课程在实施过程中可能出现的偏差以及可能性结果或整体绩效评价，也还是在理论分析的层面上"①。

① 韩延伦. 大学生文化素质教育课程设计研究 [D]. 上海：华东师范大学，2003：121.

一、视觉素养教育设计在课程实施过程中的偏差分析

视觉素养教育实施过程并不完全按照目标模式或过程模式，而是会有很多因素影响教育实施。因此我们需要预测评价视觉素养教育在实施过程中可能出现的偏差，主要有以下几个方面：（1）视觉素养教育的实施能否调动学生的积极主动性，激发学生的视觉感知和思维。（2）视觉素养教育的实施能否培养学生对视觉信息进行分析、评判和应用的意识与主动性；（3）视觉素养教育的实施是否能够关注学生的个性发展，帮助他们获取知识、发展能力。这几方面的内容只能在一般意义上进行估计，在实际的实施过程中会存在很多不可控的因素，都有可能导致课程设计偏离预想中的结果，因此需要在课程实施过程中进行及时判断和评价。

二、视觉素养教育设计的预期结果分析

视觉素养教育设计参照了目标模式和过程模式，它们都通过课程结果判断课程质量。目标模式主张从课程实施结果与预设目标之间的差异来判断课程的质量；过程模式主张在课程实施过程中分析学生对知识的习得和意义的获取判断课程的结果。此外还有其他判断课程结果的方式。课程结果在很大程度上反映课程的价值与意义，对视觉素养课程设计的预期结果进行分析，可以作为课程评价的参考。视觉素养课程既有通识教育的特征，又有专业教育的特色，对课程结果的预测也是多方面的：（1）教育技术学本科生认知方面的变化，包括对视觉符号的理解、思维等；（2）教育技术学本科生情感方面的变化，包括对视觉符号的审美、体验等；（3）教育技术学本科生态度和价值观方面的变化，包括对视觉符号的态度、价值判断等；（4）教育技术学本科生行为方面的变化，行为是预测结果可见的部分，认知、情感、态度和价值观的提升都可以在一定程度上通过行为来反映。以上几方面是对课程实施结果的预测分析，尽管课程实施过程中会有各种不可预测的因素，但仍然能够为课程结果的评价提供参考。

第九章

研究总结与展望

本书通过大量理论研究和实践分析提出了视觉素养教育的框架，促使视觉素养本土化发展的同时使视觉素养教育的目标性更明确、可操作性更强。在此基础上，该研究进一步丰富了已有的视觉素养理论与实践研究，主要体现在以下方面。

1. 明晰了视觉素养教育地位与作用。视觉素养教育并非一门纯艺术类课程，而是一门艺术与应用结合的通识教育，它既可以帮助学生理解视觉符号的基本构成，又帮助他们建构解读和创作视觉符号的方法；既从审美的角度提升了自身素质和修养，又从实践角度开发出优秀的教学资源，促进传播和交流。

2. 突破已有的视觉素养定义方法，从两个维度和两个层面解析视觉素养的内涵。本研究以教育技术学本科生为教育对象，从"视觉"和"素养"两个维度理解视觉素养，并将其划分为两个层面——基础层面和专业层面。已有的视觉素养定义多是被界定为对视觉信息的各种处理能力，过于笼统，忽略了学习者的特征、视觉信息的类型以及能力的高低。针对此问题，本研究进行了需求分析，从视觉维度和素养维度对视觉素养定义进行了划分，明确了不同教育对象所对应的视觉素养。此外，还针对不同视觉信息将素养划分为针对生活环境中视觉符号的基础素养和针对学习环境中视觉符号的专业素养，为视觉素养教育提供了更明确的指导作用。

3. 将素质教育与专业教育作为视觉素养教育的两个层面。视觉素养课程是开展视觉素养教育的工具和手段，只有设计可用性强的课程才能有利于视觉素养教育的开展。当前国内外的研究者都针对学习者开展有目的性的视觉素养教育，大多数研究者将视觉素养教育作为文化素质教育的一部分，主要培养学生对图像的阅读、批判能力，例如美国肯特州立大学的视觉素养课程将广告作为教学内容；也有少数研究者将视觉素养教育渗透于学生的专业学习中，例如英国的剑桥大学将图画书研究作为儿童文学专业学生的课程之一，美国圣约瑟夫大学将视觉素养教育融入师范生的课件制作中，提高课件的可用性，帮助师范生为未来的工作做准备。无论是通识性的文化素质教育，还是专业性的专业教育，视觉素养课程总是处于一个层面。本研究根据教育技术学学科特点、学生自身的发展需要、社会对教育技术学本科生的需求，将视觉素养课程划分为两个层面：基础层面和专业层面。基础层面以文化素质教育为方向，从一般的角度培养学生的视觉素养；专业层面以完善他们的能力结构为目的，从专业的角度帮助他们发展视觉素养，从而完善学生自身的专业能力结构。

附录1 视觉信息获取的调查问卷

亲爱的同学：您好!

我们是南京师范大学教育科学学院的博士生，目前正进行"大学生视觉素养教育研究"这一课题。本问卷意在调查您在生活中和课堂中对视觉信息的获取情况。感谢您对我们的支持!

请在下列题目中，选择适合您情况的一项或多项答案，请在选项上打√。

专业：_____   性别： 男 女   年龄：___   年级：_____

1. 您在日常生活中获取信息的主要渠道是什么?

A. 网络 B. 电视 C. 电影 D. 手机 E. 杂志 F. 报纸

G. 书籍 H. 其他

2. 阅读信息时，文字信息和图像信息哪种更吸引您的注意力?

A. 文字信息   B. 图像信息

3. 您很相信所看到的图像信息吗?

A. 很相信   B. 大多时候相信   C. 不相信

4. 您平时喜欢观看什么图像信息？

A. 电视剧　B. 电影　C. 广告视频和图片　D. 绘画作品

E. 摄影作品　F. 娱乐节目　G. 电视新闻　H. 新闻图片

I. 其他_____

5. 观看图像信息时，图像的哪部分首先吸引您？

A. 色彩　　B. 形状　　C. 结构　　D. 内容

E. 其他_____

6. 对您而言，阅读图像是一件非常容易的事情吗？

A. 是　　B. 有时会存在困难　　C. 不是

7. 当您观看一幅图片时，通常的观看顺序是_____？

A. 与原有知识建立关联　　　B. 大致浏览

C. 建立自己的理解　　　　　D. 聚焦在图像的某一部分

7. 您在观看图像时，会认真思考图像传达的多层含义吗？

A. 经常　　B. 偶尔　　C. 很少

8. 您平时使用图形、图表帮助您记录笔记、学习或交流吗？

A. 经常　　B. 偶尔　　C. 很少

9. 在课堂学习中，教师会使用视觉信息吗？

A. 经常　　B. 偶尔　　C. 很少

10. 课堂学习中您接触到的视觉信息主要有哪些？

A. 图片　　B. 图表　　C. 视频　　D. 模型

E. 其他_____

11. 您喜欢教师在课堂中使用视觉信息辅助教学吗？（请说明您喜欢或不喜欢的理由）

A. 喜欢　　B. 一般　　C. 不喜欢

D. 喜欢或不喜欢的理由_____

12. 如果教师上课时使用 PPT 课件，您认为课件中存在的主要问题是什么？

A. 色彩搭配不合理　　B. 单张 PPT 使用文字太多　　C. 图像信息与教学内容不符

D. 其他_____

附录 2　访谈国外研究者的相关信息

在研究过程中，为了获取更多国外的视觉素养研究的一手资料，通过面对面或电子邮件对国外的研究者进行访谈，发送邮件四份，收到回复两份。此外，还有与国外研究者的面对面访谈。

Email 访谈的问题主要有：

1. Do you open the visual literacy course, and what's the course's name?

2. What are your objectives in the visual literacy course?

3. What's the content of the visual literacy course?

4. Why do you consider to choose the content?

予以回复的有两位研究者。

第一位是丹佛大都会州立大学的 Hsin-Tin Yeh，他是教师教育系的助教，从事教育技术研究。他的回信如下：

Dear Lingling,

Nice to hear from you! Glad you are interested in Visual Literacy. Currently, I don't teach any visual literacy course at all. However, I do teach a one class period lesson on visual literacy in my application of e-

d. tech. class. The objective is: Students will be able to apply visual design principles to the design of instructional materials after the lesson on visual literacy. The recommended text book is Lohr, L. (2007). Creating Visuals for Learning and Performance: Lessons in Visual Literacy, Second Edition. Cleveland, OH: Prentice - Hall. It's a very easy to read and cool book. It's written by my advisor at University of Northern Colorado. Basically, you want to talk about what visual literacy is, visual design principles, and a lot of chances to analyze, criticize, interpret, and design/create visuals. When I was in the doctoral program, I took the class and the course name was Advance Design of Instructional Materials. It also has another name Computer Graphics and Visual Literacy. Hopefully this helps! I am sure after you read that book, you will gain a lot of ideas. Feel free to contact me if you have any questions. Have a good day!

Hsin-Te (Chuck) Yeh, Ph. D.

Assistant Professor, Educational Technology

Department of Teacher Education, School of Professional Studies

Metropolitan State University of Denver

第二位是新西兰梅西大学的 Brian Finch，他也是教师教育系的教师，他的回信如下：

Ni Hao Lingling Shen, I taught for a year at Hunan ShifanDaxue about 20 years ago and there was not much attention given to visual literacy, although the course on film appreciation seemed well received.

I currently teach an undergraduate course, 'Learning visual language', for teacher education students and 'learning from images' which is a post-graduate course for teachers. Both courses aim to extend students thinking about visual texts and to improve their ability to teach school students about visual texts. We don't define VL as these are not overview courses, but focus just on picture books, graphic novels and moving image texts. I assess students by getting them to do close reading of two texts (one static image text) and one segment of a moving image text and by getting them to create short examples of those text types and to plan for teaching school students. Tell me what kind of example you'd like and I'll see if I can provide one.

Regards,

Brian

第三位是剑桥大学的教授 Maria Nikolajeva，本人跟随她在剑桥从事儿童视觉素养研究，因此跟她做了面对面访谈。访谈问题是：

1. What's the visual literacy in your course?

2. What are the objectives in the visual literacy course?

3. What's the content of the visual literacy course?

4. Do you think the visual literacy can be trained?

Maria 教授的回答：

1. In my course, the visual literacy contains four parts：（1）Understanding the nature of visual signs；（2）mastering visual codes；（3）understanding the interaction of verbal and visual signs；（4）understanding the various conventions of visual narratives.

2. I think visual literacy can help readers know how to read, and for teachers and parents, they can judge children's understanding. For undergraduates, visual literacy course will help them read the picture books, judge the picture books and do the research on children's literature.

3. The content is about the picture books, including the beginning of picture book (title page and cover), Hermeneutic code, semic code, symbolic code and referential code. I choose these content because it's the important literacy for undergraduates if they want to do research on picture books.

4. It's abosolutely that visual literacy can be trained, it can be trained by the teachers and also can be trained by ourselves.

参考文献

一、中文文献

著作

[1] 埃森克, 基恩. 认知心理学 [M]. 上海: 华东师范大学出版社, 2009.

[2] 奥恩斯坦, 汉金斯. 课程: 基础、原理和问题 [M]. 南京: 江苏教育出版社, 2002.

[3] 北京大学哲学系外国哲学史教研室. 西方哲学原著选读: 下卷 [M]. 北京: 商务印书馆, 1982.

[4] 陈龙, 陈一. 视觉文化传播导论 [M]. 上海: 上海三联书店, 2006.

[5] 陈玉琨, 沈玉顺, 代蕊华, 等. 课程改革与课程评价 [M]. 北京: 教育科学出版社, 2001.

[6] 丛立新. 课程论问题 [M]. 北京: 教育科学出版社, 2000.

[7] 崔生国. 图形设计 [M]. 上海: 上海人民美术出版社, 2003.

［8］丁廷森.国际教育百科全书［M］.贵阳：贵州教育出版社，1990.

［9］方新普，陆峰，孟梅林.视觉流程设计［M］.合肥：合肥工业大学出版社，2004.

［10］高孝传，杨宝山，刘明才.课程目标研究［M］.北京：教育科学出版社，2001.

［11］顾明远.教育大辞典：增订合编本［M］.上海：上海教育出版社，1998.

［12］韩延明.改革视野中的大学教育［M］.青岛：中国海洋大学出版社，2006.

［13］黄光雄，蔡清田.课程设计［M］.南京：南京师范大学出版社，2005.

［14］季诚钧.大学课程概论［M］.上海：上海教育出版社，2007.

［15］瞿葆奎.课程与教材（上册）［M］.北京：人民教育出版社，1988.

［16］克里克.惊人的假说：灵魂的科学探索［M］.长沙：湖南科学技术出版社，2004.

［17］莱斯特.视觉传播：形象载动信息［M］.北京：北京广播学院出版社，2003.

［18］李彬.符号透视：传播内容的本体诠释［M］.上海：复旦大学出版社，2003.

［19］李泽厚.美学三书［M］.合肥：安徽文艺出版社，1999.

[20] 孟华. 符号表达原理 [M]. 青岛：青岛海洋大学出版社，1999.

[21] 孟建. 图像时代：视觉文化传播的理论诠释 [M]. 上海：复旦大学出版社，2005.

[22] 南国农，李运林. 教育传播学 [M]. 北京：高等教育出版社，2005.

[23] 钱家渝. 视觉心理学：视觉形式的思维与传播 [M]. 上海：学林出版社，2006.

[24] 任悦. 视觉传播概论 [M]. 北京：中国人民大学出版社，2008.

[25] 施良方. 课程理论：课程的基础、原理与问题 [M]. 北京：教育科学出版社，1996.

[26] 泰勒. 课程与教学的基本原理 [M]. 北京：中国轻工业出版社，2008.

[27] 滕守尧. 审美心理描述 [M]. 成都：四川人民出版社，1998.

[28] 王明华. 大学文化素质教育论 [M]. 哈尔滨：黑龙江教育出版社，2007.

[29] 王明华. 大学文化素质教育论 [M]. 哈尔滨：黑龙江教育出版社，2007.

[30] 王铭玉，宋尧. 符号语言学 [M]. 上海：上海外语教育出版社，2005.

[31] 乌美娜. 教学设计 [M] 北京：高等教育出版社，1994.

[32] 谢幼如，李克东 . 教育技术学研究方法基础 [M]. 北京：高等教育出版社，2006.

[33] 杨晓萍 . 教育科学研究方法 [M]. 重庆：西南师范大学出版社，2006.

[34] 张华 . 课程与教学论 [M]. 上海：上海教育出版社，2000.

[35] 张坚 . 视觉形式的生命 [M]. 杭州：中国美术学院出版社，2004.

[36] 张舒予 . 视觉文化概论 [M]. 南京：江苏人民出版社，2003.

[37] 张廷凯 . 新课程设计的变革 [M]. 北京：人民教育出版社，2003.

[38] 张祖忻 . 美国教育技术的理论及其演变 [M]. 上海：上海外语教育出版社，1994.

[39] 章明 . 视觉认知心理学 [M]. 上海：华东师范大学出版社，1991.

[40] 中共中央马克思恩格斯列宁斯大林著作编译局 . 马克思恩格斯选集：第 2 卷 [M]. 北京：人民出版社，1995.

[41] 中国社会科学语言研究所词典编辑室 . 现代汉语词典 [M]. 北京：商务印书馆，2002.

[42] 钟启泉 . 现代课程论 [M]. 上海：上海教育出版社，1989.

[43] 佐藤正夫 . 教学原理 [M]. 北京：教育科学出版社，2001.

译著

[1] FRIEDRICH S. 图像时代：视觉文化传播的理论诠释 [M].

孟建，译．上海：复旦大学出版社，2005.

［2］巴尔特．符号学原理［M］．王东亮，等译．北京：生活·读书·新知三联书店，1999.

［3］贡布里希艺术与错觉：图画再现的心理学研究［M］．林夕，等译．杭州：浙江摄影出版社，1987.

［4］霍尔．表征：文化表象与意指实践［M］．徐亮，陆兴华，译．北京：商务印书馆，2003.

［5］克拉斯沃尔，布鲁姆．教育目标分类学：第二分册 情感领域［M］．施良方，张云高，译．上海：华东师范大学出版社，1989.

［6］南云治嘉．视觉表现［M］．黄雷鸣，等译．北京：中国青年出版社，2004.

期刊

［1］包兆会．当代视觉文化背景下的"语—图"关系［J］．江西社会科学，2007（9）.

［2］曹晖，谷鹏飞．视觉形式概说［J］．文艺评论，2006（1）.

［3］陈洪澜．论知识分类的十大方式［J］．科学学研究，2007（1）.

［4］陈琳．教育技术学本科专业人才培养模式创新研究［J］．中国电化教育，2010（10）.

［5］陈晓慧，陶双双，孙晶华．对教育技术学本科课程设置情况的调查与分析［J］．中国电化教育，2004（9）.

［6］丁锦红，林仲贤．图形的信息编码与表征［J］．心理学动态，1999（1）.

［7］丁莉丽．视觉文化：语言文化的提升形态 ［J］．湖南科技学院学报，2005（4）．

［8］杜士英．视觉符号的性质与特征 ［J］．美苑，2010（6）．

［9］傅兴尚．语言知识的表征：形式和手段 ［J］．外语研究，2002（5）．

［10］葛鸿雁．关于视觉传达设计学科名称的思考 ［J］．新美术，1997（4）．

［11］韩丽影，刘伟．信息可视化：知识服务网站的新形象 ［J］．情报理论与实践，2005（6）．

［12］何美萍，唐剑岚，全波．视觉化表征及其在数学学习中的作用 ［J］．内蒙古师范大学学报（教育科学版），2008（8）．

［13］胡荣荣，丁锦红．视觉选择性注意的加工机制 ［J］．人类工效学，2007（1）．

［14］胡绍宗．人文素质中的视觉素养的教育 ［J］．艺术教育，2006（10）．

［15］黄兆良．知识资源及其物化 ［J］．资源科学，2001（4）．

［16］蒋光祥．中小学教师教育技术能力研究综述：于《中国中小学教师教育技术能力标准》颁布 5 周年之际 ［J］．教学仪器与实验，2010（2）．

［17］金叶，周忠信，王清河，等．一种可视化的知识管理建模语言 ［J］．计算机工程与应用，2005（19）．

［18］琚四化．新课程标准中存在的问题及其原因初探 ［J］．法制与社会，2008（4）．

[19] 赖慧蓉. 广告中的视觉符号与视觉传播 [J] 武汉科技学院学报, 2005 (6).

[20] 李红美. 教育技术学专业本科生实践创新能力培养的探索 [J]. 电化教育研究, 2011 (1).

[21] 李晶, 李龙. 教育技术职业人员教育技术标准的研究:《中国教育技术标准 (CETS) 研究》项目阶段性成果之四 [J]. 现代教育技术, 2005 (1).

[22] 李克东. 知识经济与教育技术的发展 [J]. 中国电化教育, 1999 (1).

[23] 李龙. 教育技术领域·学科·专业 [J]. 中国电化教育, 2005 (12).

[24] 李明月, 李德才. 从实用主义教育到"生活教育":杜威与陶行知教育理论之比较 [J]. 福建论坛, 2007 (6).

[25] 李群. 让教师为课堂带进人文的阳光:教师教育的博雅化探索 [J]. 课程. 教材. 教法, 2007 (4).

[26] 李爽. 视觉符号的抽象程度与意义表达 [J]. 北京理工大学学报 (社会科学版), 2003 (5).

[27] 廖荣盛. 论视觉传达设计中的视觉流程 [J]. 装饰, 2006 (7).

[28] 刘丹萍. "地方"的视觉表征与社会构建:西方旅游广告研究的"文化转向"思潮 [J]. 旅游科学, 2007 (8).

[29] 刘桂荣, 闫树涛. 视觉素养的哲学文化根基 [J]. 山西师大学报 (社会科学版), 2007 (3).

［30］梅琼林．论后现代主义视觉文化之内涵性的消失［J］．哲学研究，2007（10）．

［31］莫永华，吕永峰．以人类分层传播模式探讨视觉理论的整合［J］．现代教育技术，2008（11）．

［32］南国农．中国教育技术学专业建设的发展道路［J］．中国电化教育，2005（9）．

［33］裴新宁．概念图及其在理科教学中的应用［J］．全球教育展望，2001（8）．

［34］邱婷，钟志贤．一种概念框架：知识外在表征在教学中的应用［J］．现代远程教育研究，2005（5）．

［35］任悦．数字时代视觉表征的变化——对"我们：数码相机记录的影像生活"摄影比赛作品的内容分析［J］．国际新闻界，2007（2）．

［36］茹宏丽．教育技术学专业课程设置问题探略［J］．电化教育研究，2005（12）．

［37］沙景荣，王林，黄荣怀．我国教育技术学本科专业规范研究的导向作用［J］．中国电化教育，2004（9）．

［38］沙景荣，王晓晨．教育技术学本科专业人才培养的工程学思想［J］．电化教育研究，2005（7）．

［39］沙景荣．不同学科领域知识观的比较分析［J］．中国电化教育，2005（4）．

［40］申灵灵，罗立群．思维地图在美国教学中的应用研究［J］．中小学信息技术教育［J］．2008（1）．

[41] 孙沛. 对教育技术学专业培养核心能力的反思 [J]. 电化教育研究, 2007 (6).

[42] 唐燕儿. 构建教育技术学专业本科学生培养新方案 [J]. 清华大学教育研究, 2002 (4).

[43] 唐英. 视觉文化及其娱乐性观照 [J]. 西南民族大学学报 (人文社科版), 2003 (12).

[44] 唐英. 视觉文化及其娱乐性观照 [J]. 西南民族大学学报 (人文社科版), 2003 (12).

[45] 王朝云, 刘玉龙. 知识可视化的理论与应用 [J]. 现代教育技术, 2007 (6).

[46] 王玉. 新时代背景下的课程设计取向 [J]. 教育探索, 2010 (2).

[47] 魏艳斐. 成教生艺术素养教育探究 [J]. 继续教育研究, 2011 (2).

[48] 吴琼. 视觉性与视觉文化: 视觉文化研究的谱系 [J]. 文艺研究, 2006 (1).

[49] 吴岩, 樊平军. 教育知识转化的现状研究 [J]. 教育研究, 2007 (5).

[50] 武雪飞, 武雯. 关于教育技术学本科毕业生任职能力的延续思考 [J]. 电化教育研究, 2008 (10).

[51] 徐莉. 视觉符号的图式建构 [J]. 艺术百家, 2006 (7).

[52] 杨光歧. 教学过程 "新五段论" [J]. 教育研究, 2006 (2).

[53] 杨凌. 概念图、思维导图的结合对教与学的辅助性研究 [J].

电化教育研究, 2006 (6).

[54] 杨素萍, 杨茂庆. 教育技术的后现代审视 [J]. 电化教育研究, 2008 (12).

[55] 袁恩培, 聂森. 解析图形在包装视觉传达力中的作用 [J]. 包装工程, 2007 (11).

[56] 张楚廷. 新世纪: 教育育人 [J]. 高等教育研究, 2001 (1).

[57] 张浩. 试论高校学生视觉素养培养 [J]. 当代传播, 2010 (3).

[58] 张华. 美国当代"存在现象学"课程理论初探 [J]. 外国教育资料, 1997 (5).

[59] 张会平, 周宁. 基于可视化技术的知识转化框架研究 [J]. 情报理论与实践, 2008 (3).

[60] 张会平, 周宁. 基于知识可视化的隐性知识转换模型研究 [J]. 现代图书情报技术, 2007 (2).

[61] 张景生, 谢星海. 浅论教育技术价值观 [J]. 电化教育研究, 2004 (11).

[62] 张军征, 刘志华. 教育技术学专业本科教育定位的探讨 [J]. 电化教育研究, 2005 (10).

[63] 张倩苇. 视觉素养教育: 一个亟待开拓的领域 [J]. 电化教育研究, 2002 (3).

[64] 张荣翼. 在数字化与图像化之间: 当前人文学科研究的境遇与策略 [J]. 文史哲, 2002 (4).

[65] 张舒予, 王帆. 视觉素养培养与民族文化传承 [J]. 当代传

播，2008（4）.

[66] 张舒予.论摄影的分类 [J].电化教育研究，2007（10）.

[67] 张舒予.视觉文化研究与教育技术创新 [J].中国电化教育，2006（4）.

[68] 张小多，王清.教育技术专业人才视觉素养培养探析 [J].广州广播电视大学学报，2009（5）.

[69] 赵国庆，黄荣怀，陆志坚.知识可视化的理论与方法 [J]，开放教育研究，2005（1）.

[70] 赵国庆，贾振洋，黄荣怀，等.基于 GraphML 的知识可视化接口的定义与实现：以概念图和思维导图为例 [J].中国电化教育，2008（6）.

[71] 赵国庆.知识可视化 2004 定义的分析与修订 [J].电化教育研究，2009（3）.

[72] 赵慧臣，张舒予.亚里士多德"四因说"技术制作思想对教育信息资源开发的启示 [J].电化教育研究，2010（1）.

[73] 赵慧臣.图像教育化：教育中图像管理应用的新理念 [J].现代教育管理，2009（12）.

[74] 赵慧臣.知识可视化的视觉表征研究综述 [J].远程教育杂志，2010，28（1）.

[75] 赵慧臣.知识可视化视觉表征的分析框架 [J].开放教育研究，2010，16（5）.

[76] 钟义信.知识论框架 通向信息—知识—智能统一的理论 [J].中国工程科学，2000（9）.

［77］钟志贤，陈春生．作为学习工具的概念地图［J］．中国电化教育，2004（1）．

［78］周宁，陈勇跃，金大卫，等．知识可视化框架研究［J］．情报科学，2007，25（4）．

［79］周宪．视觉文化：从传统到现代［J］．社会观察，2004（2）．

［80］朱静秋，张舒予．信息技术支撑下的视觉素养培养：下［J］．电化教育研究，2005（4）．

［81］朱学庆．概念图的知识及其研究综述［J］．上海教育科研，2002（10）．

［82］朱永明．平面传达设计中的符号形式与语义［J］．苏州大学学报（工科版），2005（5）．

［83］祝智庭．教育信息化：教育技术的新高地［J］．中国电化教育，2001（2）．

论文

［1］鲍贤清．概念图在课堂协作知识建构中的应用研究［D］．上海：上海师范大学，2006．

［2］崔智涛．大学生生涯发展课程设计研究［D］．上海：华东师范大学，2009．

［3］董玉琦．信息教育课程设计原理：要因与取向［D］．长春：东北师范大学，2003．

［4］韩延伦．大学生文化素质教育课程设计研究［D］．上海：华东师范大学，2003．

［5］吕立杰. 课程设计的范式与方法［D］. 长春：东北师范大学，
2004.

［6］彭寿清. 大学通识教育课程设计研究［D］. 重庆：西南大学，
2006.

［7］肖文. 知识可视化开发中视觉表征的设计与应用研究［D］.
南京：南京师范大学，2009.

［8］张勤. 中国基础教育体育课程内容设计研究［D］. 福州：福
建师范大学，2004.

［9］张学波. 媒体素养教育的课程发展取向研究［D］. 广州：华
南师范大学，2005.

［10］朱彩兰. 文化教育视野下的信息技术课程建构［D］. 南京：
南京师范大学，2005.

［11］朱静秋. 信息技术支撑下的视觉素养培养研究和实践［D］.
南京：南京师范大学，2004.

二、英文文献

著作

［1］ARIZPE E，STYLES M. Children Reading Pictures［M］. New
York：Routledge Falmer，2003.

［2］AUSUBEL D P. Educational Psychology：A Cognitive View［M］.
New York：Holt，Rinehart and Winston，1968.

［3］CLARK K. Looking at pictures［M］. London：John Murray，
1960.

［4］NODELMAN P. Words about pictures: The Narrative Art of Children's Picture Books ［M］. Athens: University of Georgia Press, 1988.

期刊

［1］AVGERINOU M, ERICSON J. A review of the concept of visual literacy ［J］. British Journal of Educational Technology, 1997, 128 (4).

［2］BRADEN R A, HORTIN J A. Identifying the Theoretical Foundations of Visual Literacy ［J］. Journal of Visual Verbal Languaging, 1982 (2).

［3］BRILL J M, KIM D, BRANCH R M. Visual Literacy Defined—the Result of a Delphi Study: Can IVLA Define Visual Literacy?　［J］. Journal of visual literacy, 2007, 27 (1).

［4］BURBANK L, PETT D W. Eight Dimensions of Visual Literacy ［J］. Instructional Innovator, 1983, 28 (1).

［5］CASSIDY M F, KNOWLTON J Q. Visual literacy: A Failed Metaphor? ［J］. Educational Communication and Technology, 1983, 31 (2).

［6］DEBES J. Some Hows and Whys of Visual Literacy ［J］. Educational Screen and Audiovisual Guide, 1969, 48 (1).

［7］DEBES J. The Loom of Visual Literacy: an Overview ［J］. Audiovisual Instruction, 1969, 14 (8).

［8］DUNCAN J. Selective Attention and the Organization of Visual Information, Journal of Experimental Psychology, 1984, 113 (4).

［9］GOLDSTONE B P. Visual Interpretation of Children's Books ［J］. The reading teacher, 1989, 42 (8).

[10] HOWARDLEVIE W. A Prospectus for Instructional Research on Visual Literacy [J]. Educational Communication and Technology, 1978, 26 (1).

[11] JAIMES A, CHANG S F. A Conceptual Framework for Indexing Visual Information at Multiple Levels [J]. Conference on Internet Imaging, 2000, 3964 (1).

[12] OSBORNE B S. Some Thoughts on Landscape: Is It A Noun, a Metaphor, or a Verb? [J]. Canadian social studies, 1998, 23 (3).

[13] ROBINSON R S. Learing to See: Developing Visual Literacy Through Film [J]. Top of the News, 1984, 40 (3).

[14] ROWLAND G. Designing and Instructional Design [J]. ETR&D, 1993, 41 (1).

[15] SIPE L R. How picture books work: A Semiotically Framed Theory of Text-Picture Relationships [J]. Children's literature in education, 1998, 29 (2).